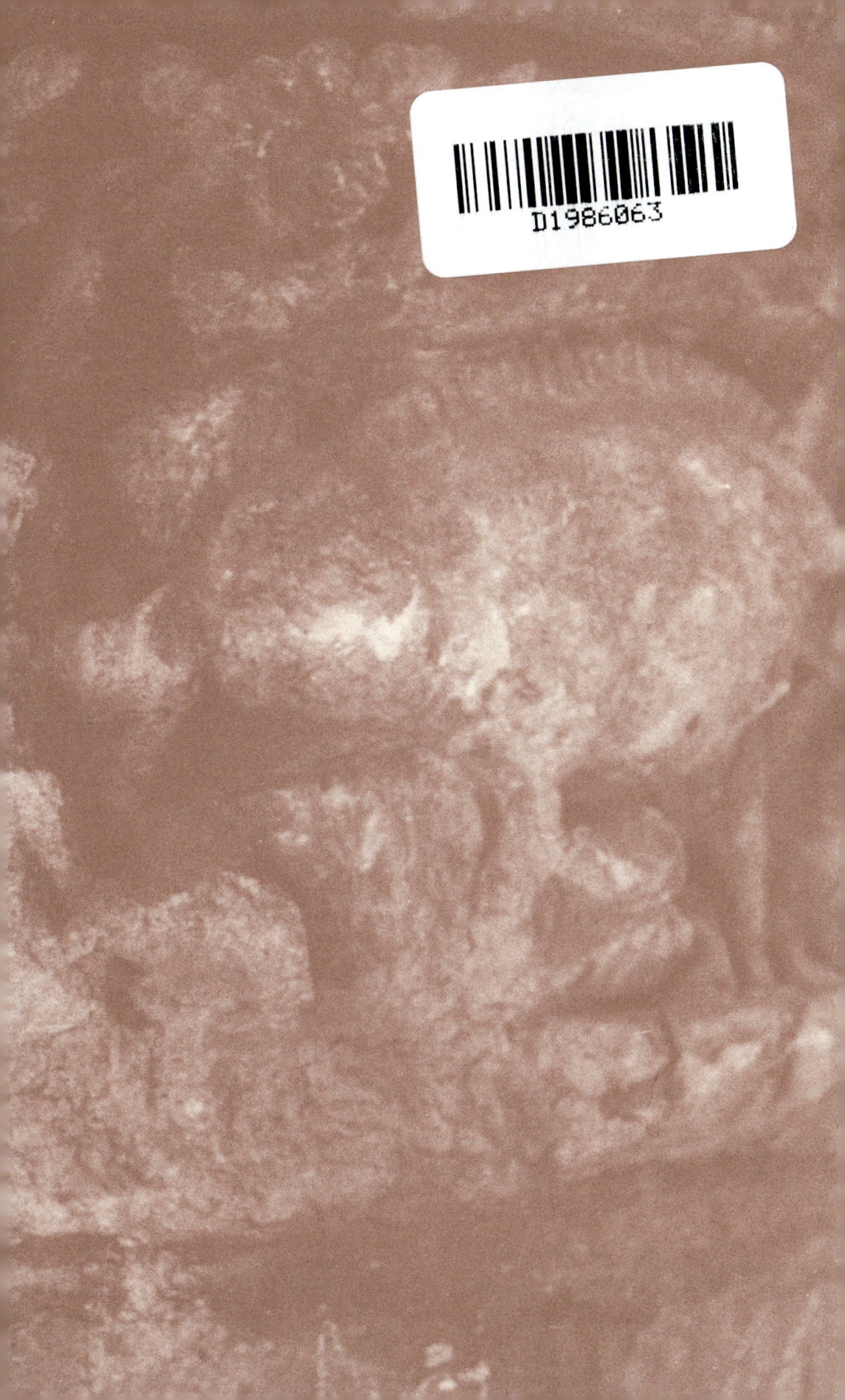

Dannenberg

Schwein haben

Schwein haben

Historisches und Histörchen vom Schwein

Von Hans-Dieter Dannenberg

Unter Mitwirkung von Roland Itterheim

Mit 100 Abbildungen

SEMPER BONIS ARTIBUS

Gustav Fischer Verlag Jena · 1990

Oberveterinärrat Dr. med. vet. habil. Hans-Dieter Dannenberg,
Brauhausberg 14, Potsdam, 1560

Einbandfoto: Genießerschweinchen (1983), Plastik von Rainer Maria Kraft, Wuppertal

Vorsatz: Zwei Schweine unter einer Eiche. Sandsteinrelief im Kapitellfries an der mittelalterlichen Gerichtslaube des früheren Berliner Rathauses (um 1300), jetzt in Potsdam, Park Babelsberg.

Nachsatz: Sparschwein mit Jungen. Sächsische Volkskunst, 18. Jahrhundert.

CIP-Titelaufnahme der Deutschen Bibliothek

Dannenberg, Hans-Dieter:
Schwein haben : Historisches und Histörchen vom Schwein / von Hans-Dieter Dannenberg. Unter Mitw. von Roland Itterheim. – 1. Aufl. – Jena : Fischer, 1990
ISBN 3-334-00298-5

Dannenberg, Hans-Dieter:
Schwein haben : Historisches u. Histörchen vom Schwein / von Hans-Dieter Dannenberg. Unter Mitw. von Roland Itterheim. – 1. Aufl. – Jena : Gustav Fischer Verl., 1990. – 243 S. : 100 Ill.

ISBN 3-334-00298-5

1. Auflage

Lizenznummer 261 700/117/90
Einbandgestaltung Lothar Jähnichen, Dornburg
Lektor Dr. Dr. Roland Itterheim
Hersteller Hans Kubik
LSV 2909/4439
Printed in the German Democratic Republic
Satz und Druck: Interdruck GmbH Leipzig
Bestellnummer 534 738 2

Vorwort

Wer möchte nicht gern „Schwein“ haben, also Glück und Erfolg in den verschiedensten Lebensbereichen. Das Schwein möchten wir aber auch als Haustier und wichtige Nahrungsquelle für uns nutzen. Für kaum ein anderes Haustier gibt es ein breiteres Spektrum an Emotionen, von rigoroser Ablehnung bis zu überschwenglichen Lobeshymnen. Auch im europäischen Raum haftet dem ringelschwänzigen, grunzenden Vierbeiner noch häufig das Vorurteil an, unsauber, gefräßig oder faul und deshalb für manche Beschimpfungen gut zu sein. Andererseits ist er unser Hauptlieferant für Fleisch und Fleischerzeugnisse. In nicht wenigen Ländern stammt mehr als die Hälfte des von der Bevölkerung verzehrten Fleisches (einschließlich Wurst) vom Schwein. Täglich müssen hierzu Millionen Tiere gefüttert und betreut werden und Zehntausende in den Schlachtbetrieben ihr Leben lassen. Im Vergleich zu anderen Haustierarten nutzt das Schwein im wesentlichen erst nach seinem Tode den Menschen.

Zum Abbau von Fehleinschätzungen und ungerechtfertigter Verdammung, für ein besseres Verständnis und sozusagen zur Ehrenrettung dieses Tieres sollen diese Ausführungen beitragen. In erster Linie wird vom Hausschwein berichtet, in manche Betrachtungen aber das Wildschwein, sein Vorfahr und freilebender Artgenosse, einbezogen.

Wie der Römer Horaz „prodesse et delectare“ (nützen und erfreuen) von der Literatur allgemein forderte, soll dieses Taschenbuch dem Leser Wissenswertes und Unterhaltsames bieten. Der Nutzen möge im Erkennen sozial-, agrar- und kulturhistorischer Zusammenhänge liegen, das Vergnügen im Entdecken unterschiedlicher Umgangsformen, die der Mensch im Kontakt zu seinem „Nachbar" Schwein im Laufe der Geschichte entwickelt hat.

Herzlich gedankt sei allen Museen, anderen wissenschaftlichen Einrichtungen, Verlagen und Fachkollegen, die freundliche Unterstützung gewährt und mit Vorschlägen oder Bildvorlagen geholfen haben. Weitere Hinweise für kommende Auflagen werden gern entgegengenommen. Dank gilt auch dem Gustav Fischer Verlag Jena für die gute Gestaltung und ansprechende Ausstattung dieser Publikation. Allen Lesern wünschen wir eine angenehme Lektüre und freundliche Aufnahme sowie schließlich eine bessere Meinung über das hier vorgestellte Tier.

Potsdam und Jena, Sommer 1989 *Hans-Dieter Dannenberg*
Roland Itterheim

Inhaltsverzeichnis

Über den Nutzen der Schweine

Mit dem Seßhaftwerden der Menschen in der Urgesellschaft zu Beginn der Jungsteinzeit wurde vielerorts das Schwein zum „Haustier", genauer gesagt, zu einem vom Menschen gehaltenen Nutztier. Gegenüber den früher viel schwieriger zu erlegenden, landwirtschaftliche Kulturen schädigenden Wildschweinen bildeten Hausschweine eine sichere Nahrungsquelle und -reserve. Sie ließen sich leichter vermehren und aufziehen, wobei durch die Schweine als Allesfresser unterschiedliche Futtermittel einschließlich Abfälle verwertet werden konnten. Bis ins 18. Jahrhundert stand die Waldweide für die Schweinehaltung im Vordergrund. Mit zunehmender Industrialisierung und der Bevölkerungszunahme in den Städten (Handwerker, Industriearbeiter) stieg der Bedarf an tierischem Eiweiß und Fett erheblich an. Feldwirtschaftliche und tierzüchterische Fortschritte führten seit dem 19. Jahrhundert in zahlreichen Ländern zur sprunghaften Vergrößerung der Schweinebestände und Verkürzung der Aufzucht- und Mastdauer.

Im Jahre 1950 umfaßten die Hausschweinbestände der Erde etwa 300 Millionen Tiere. Mitte der 80er Jahre waren schon annähernd 800 Millionen zu registrieren, die damit erzeugte Fleischmenge erreichte rund 58 Millionen Tonnen. Dabei schwankt die Zahl der gehaltenen Schweine zwischen den Regionen und Staaten in starkem Maße, jeweils abhängig von Verzehrsgewohnheiten, von der Futtergrundlage, von Exportverpflichtungen und anderen ökonomischen Faktoren. Ländern mit überdurchschnittlich hohen Bestandsdichten, z. B. Dänemark und Niederlande als traditionellen Exportländern, stehen solche gegenüber, in denen die Schweineproduktion nur eine geringe Rolle spielt. In manchen Regionen werden bekanntlich durch religiöse Tabus überhaupt keine Schweine gehalten bzw. Schweinefleisch oder daraus hergestellte Erzeugnisse grundsätzlich abgelehnt (Mohammedaner, Juden). Den mit Abstand größten Schweinebestand weist die Volksrepublik China mit mehr als 300 Millionen Tieren auf. In der DDR wurden 1985 12,9 Millionen Schweine gehalten (Abb. 1), in der BRD waren es rund 24, in Österreich 4 und in der Schweiz 2 Millionen. Für die UdSSR wurden annähernd 78 Millionen, für die USA 55 Millionen und für das bevölkerungsreiche Indien dagegen nur knapp 9 Millionen angegeben. Auch in afrikanischen und lateinamerikanischen Ländern tritt das Schwein in seiner Bedeutung zurück.

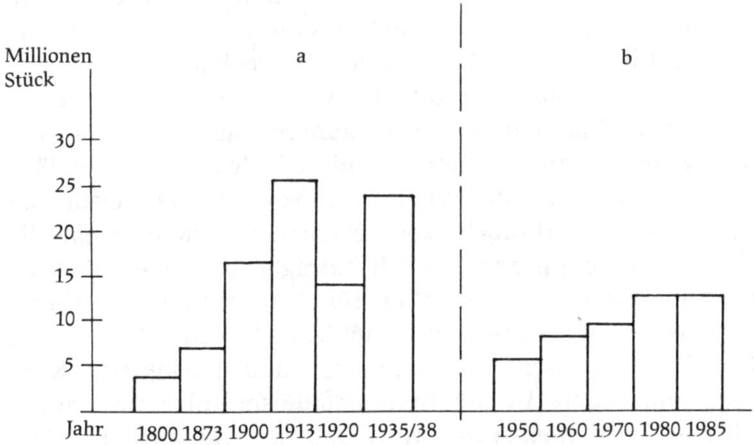

Abb. 1. Entwicklung des Schweinebestandes im ehemaligen Deutschland (a) und in der DDR (b).

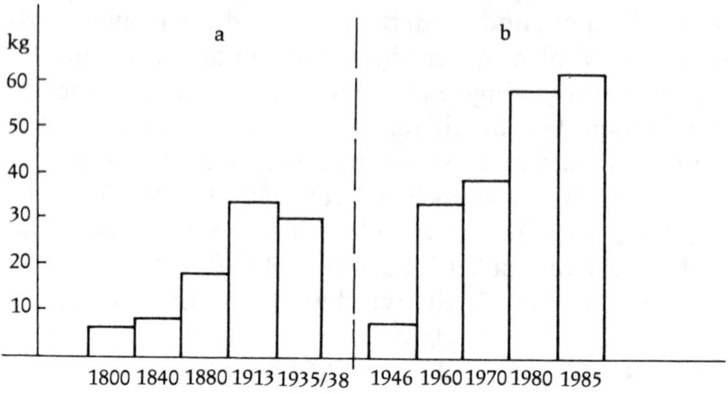

Abb. 2. Schweinefleischverbrauch pro Kopf und Jahr im ehemaligen Deutschland (a) und in der DDR (b).

In erster Linie diente das Schwein – und daran hat sich bis auf den heutigen Tag nichts geändert – der Versorgung des Menschen mit Fleisch und Fleischerzeugnissen. Ernährungsphysiologisch wird vor allem der Gehalt an essentiellen Aminosäuren, Mineralstoffen und bestimmten Vitaminen geschätzt. Bis zur Mitte des 20. Jahrhunderts hatten auch Speck und Schmalz eine größere Bedeutung für die Ernährung.

In Deutschland und einigen anderen hochindustrialisierten Ländern stammen annähernd 60 % des verzehrten Fleisches einschließlich der Wurstwaren vom Schwein. Dabei hat der Pro-Kopf-Verbrauch Werte erreicht, welche ernsthaft die Frage nach dem gesundheitlich Zuträglichen stellen (Abb. 2). Die Statistik weist inzwischen für den deutschen Verbraucher einen jährlichen Pro-Kopf-Verzehr an Fleisch und Fleischerzeugnissen insgesamt von rund 100 kg aus; Knochen und andere Verarbeitungsabfälle sind hier inbegriffen. Eine weitere Steigerung wäre aus gesundheitspolitischen Gründen nicht zu begrüßen. Zu den Verzehrsgewohnheiten in den deutschsprachigen Ländern zählt ein hoher Wurstverbrauch. Hierfür werden über 100 Fleisch- und Wurstwaren des Grundsortiments nach standardisierten Rezepturen hergestellt, zahlreiche andere nach Sonderrezepturen. Zur Deckung des Bedarfs müssen je Arbeitstag in der Bundesrepublik Deutschland rund 150 000 und in der DDR ungefähr 50 000 Schweine geschlachtet werden.

Außer dem Fleisch werden vom Schwein alle sonst anfallenden Teile und Abfälle verwertet. Dazu gehören Blut und Schlachtabfälle für tierische Futtermittel, die Haut für Lederwaren, die Borsten für Pinsel und Bürsten, Fette für Kosmetika und technische Zwecke, Exkremente als Dünger für die Feldwirtschaft, Hormondrüsen für die pharmazeutische Industrie und Galle als emulgierender Zusatz für Textilfärbungen.

Schlachtabfälle, Blut und Kadaver werden in Tierkörperverarbeitungsbetrieben bei 130 °C keimfrei gemacht und zu wertvollen Eiweißfuttermitteln, wie Tierkörpermehl, Blutmehl und Eiweißmischsilage, sowie zu Industriefetten verarbeitet. Klauen und Knochen dienen zur Herstellung von Leim, Gelatine und Gartendünger. Die Exkremente, wie Dung oder Mist (Kot-Einstreu-Gemisch), Jauche (Harn-Wasser-Gemisch) oder Gülle (Flüssigmist, Kot-Harn-Wasser-Gemisch), fließen als wichtiger Dünger in die Pflanzenproduktion zurück, können aber auch bei unsachgemäßer Anwendung die Umwelt stark belasten, indem es zu Luft- und Grundwasserverunreinigungen kommt. Um Geruchsbelästigungen, schädliche Auswirkungen von Lüftungsabgasen oder Infektionsgefährdungen zu vermeiden, dürfen größere Schweineproduktionsanlagen nur noch in deutlicher Entfernung von Wohnsiedlungen und Trinkwassereinzugsgebieten errichtet werden. Durch ordnungsgemäßes Zwischenlagern der Exkremente in undurchlässigen Lagerbehältern werden Grundwasserverschmutzungen verhindert.

Zunehmend dient das Schwein human- und veterinärmedizinischen Zwecken. Kein anderes Haustier bzw. kaum ein anderes Säugetier (ausgenommen Menschenaffen) kommt anatomisch und physiologisch dem Menschen so nahe wie das Schwein. Partiell war das bereits zu Beginn der Neuzeit bekannt.

So schreibt beispielsweise der Straßburger Publizist Johann Fischart (1546–1590): „Aber den Säuen gleich werden ist keine Schand, fürnemlich was den Magen antrifft: dieweil doch die Menschen und Säu, so viel den innern Leib betrifft, einander ähnlich sind". Froehner zitiert in seiner „Kulturgeschichte der Tierheilkunde" (1952) aus „Der Teutschen Speißkammer" (Straßburg 1614), Schweinefleisch wäre das bekömmlichste und nahrhafteste Fleisch, weil es dem menschlichen am meisten gleiche. Das Schwein zählt wie der Mensch zu den Omnivoren, den „Allesfressern", d. h., beide nehmen pflanzliche und tierische Nahrungsstoffe zu sich. Ebenso ist das Schwein wie der Mensch für Streßzustände und Herz-Kreislauf-Störungen besonders anfällig.

Organe des Schweines wurden schon frühzeitig für medizinische Belange genutzt, wenn auch oft unter abergläubischem Vorzeichen. Gegenwärtig werden Bauchspeicheldrüsen von Schweinen als Ausgangsmaterial für die Herstellung des zur Behandlung des Diabetes mellitus eingesetzten Insulins verwendet, obwohl künftig gentechnisch gewonnenes Insulin an die Stelle des Schweine-Insulins treten wird. Aufbereitete (lyophilisierte) Schweinehaut dient zum Abdecken großflächiger Verbrennungen dritten Grades beim Menschen sowie zur Behandlung von Unterschenkelgeschwüren. Weiterhin steht ein Blutstillungsmittel (Kollagen-Vlies) zur Verfügung, hergestellt aus Bindegewebsfasern vom Schwein.

Im Jahre 1987 war der Presse zu entnehmen, daß ein tschechischer Jugendlicher, der an septikämischer Pneumonie erkrankt war, von sowjetischen Ärzten gerettet wurde, indem sein Blut durch eine frische Schweinemilz geleitet wurde. Die antiinfektiösen Potenzen der Milz trugen zur „Reinigung" des Patientenblutes bei.

Als Modelltiere in der experimentellen Chirurgie liefern

die verschiedenen Miniaturschweinrassen, d. h. durch Züchtung entwickelte, kleinwüchsige Versuchsschweine, wesentliche Erkenntnisse.

Derzeit wird wissenschaftlich geprüft, ob einzelne Schweineorgane, z. B. Nieren, dauerhaft als Organersatz verpflanzt werden können. Hierzu müssen unter anderem die immunologischen Abwehrmechanismen des menschlichen Körpers gegen solche Transplantate, also die Zellen des Spendertieres, unterdrückt werden. So kann mancher also wirklich Schwein haben, im substantiellen wie im übertragenen Sinne, wenn seine Gesundheit mit Hilfe von Präparaten oder Organen vom Schwein wiederhergestellt wird.

Nicht nur bei transplantationschirurgischen Untersuchungen gelangen Minischweine zum Einsatz, auch in der Herz-Kreislauf-Forschung, bei der Modellierung des akuten progressiven Lungenversagens, in der Strahlenbiologie und Onkologie, in der Endokrinologie, Fortpflanzungsbiologie und experimentellen Mikrobiologie, in der Ernährungsforschung und bei stomatologischen Studien wird auf diese Tiere zurückgegriffen.

Auch die Pharmakologie und Toxikologie kommen, wenn auch in begrenztem Umfang, nicht ohne Versuchsschweine aus. Dabei spielen vor allem Erprobung und Standardisierung von Arzneimitteln und Impfstoffen eine Rolle.

Neben einer handfesten, rational motivierten Wertschätzung des Schweines als Nahrungsmittellieferant auch in frühen Epochen der Menschheitsgeschichte war lange ein magisch-kultischer Zweck von Bedeutung. Die religiös-zeremonielle Verwendung als Opfertier hatte zum Ziel, die verschiedenen Gottheiten für bestimmte Absichten der opfernden Menschen günstig zu stimmen, z. B. zum Schutz der Saaten.

Im alten Ägypten wurden Schweine anscheinend zum Eintreten von Getreidesaat eingesetzt, möglicherweise sogar zum Ausdreschen des geernteten Getreides.

Der griechische Geschichtsschreiber Herodot (um 484 –425 v.u.Z.) berichtet: „... der Fluß (Nil) kommt aus freien Stükken auf ihre Äcker und bewässert sie, und wenn er sie bewässert hat, verläßt er sie wieder, und dann besäet jeder seinen Acker und treibt die Schweine darauf, und wenn die Schweine die Saat eingetreten haben, dann wartet er die Erntezeit ab und drischt das Korn aus durch die Schweine, und dann bringt er es in seine Speicher".

Es ist anzunehmen, daß dazu den Schweinen die Schnauzen zugebunden wurden, um eine Aufnahme des Kornes zu verhindern.

In der Antike sind Schweine offensichtlich bei kriegerischen Auseinandersetzungen zur Abwehr von Kriegselefanten benutzt worden.

Der römische Schriftsteller Claudius Aelianus schrieb um 200 u. Z. in seinem Werk „Über das Wesen der Tiere": „Dem Elefanten graust es vor dem gehörnten Widder und dem Grunzen des Schweines. Auf diese Weise haben bekanntlich die Römer die Elefanten des Königs Pyrrhos von Epeiros in die Flucht gejagt und einen glänzenden Sieg errungen". Nach der gleichen Quelle wurden einst auch die Kriegselefanten des makedonischen Heeres, das die griechische Stadt Megara belagerte, von Schweinen, die mit flüssigem Pech bestrichen und angezündet worden waren, erschreckt und in die Flucht geschlagen.

Der Kuriosität halber sei erwähnt, daß früher auf englischen Segelschiffen Schweine sozusagen als „lebende Nebelhörner" mitgeführt wurden. Durch das Quieken der Tiere sollte Schiffskollisionen vorgebeugt werden. Die primäre Bedeutung der Tierladung lag aber gewiß in ihrer Rolle als Nahrungsreserve.

Bewohner von Südseeinseln benutzten das Schwein als Köder zum Fang von Haifischen. Auf ihren Auslegerbooten schlachteten sie dazu ein kleines Schwein, wobei das ins Meer fließende Blut den Hai anlockte; der an einer Leine ins Wasser herabgelassene Tierkörper lockte den Hai dann in eine entsprechende Schlinge.

In England verwendete man im Mittelalter Schweine zeitweise als Jagdgehilfen an Stelle von Hunden zum Aufspüren, Vorstehen und Apportieren. Es wird beispielsweise von einer Sau „Slut“ berichtet, die diesbezüglich viele Jagdhunde übertraf.

Daß der Wühltrieb und der hervorragende Geruchssinn der Schweine bis in die jüngste Zeit zur Trüffelsuche eingesetzt wurden, weiß sicher mancher. Berühmt ist dafür vor allem die südwestfranzösische Landschaft Périgord. Die an einem Strick geführten Tiere spürten die in bestimmten Waldungen unterirdisch wachsenden, walnuß- bis faustgroßen Fruchtkörper der Trüffelpilze auf. Indem das Schwein dann mit einer bereitgehaltenen Kartoffel, einer Handvoll Mais oder mit Eicheln belohnt und abgelenkt wurde, grub der „truffier“ die Trüffeln aus. Den Ursachen jener merkwürdigen Fähigkeit gingen Endokrinologen nach. Sie fanden heraus, daß in Trüffeln wie im Eberblut ein Geruchsstoff (Pheromon) vorkommt, der eine sexuelle Signalwirkung besitzt.

Von dem ausgeprägten Geruchsvermögen der Schweine profitierte man auch anderweitig. So wurde 1987 in der BRD über eine Sau mit Namen „Luise“ berichtet, die als „beamtetes“ Borstentier Schnüffelarbeit leistete. Sie war auf das Aufspüren von Rauschgift dressiert. Als ihr „Herrchen“ von der Polizei in Pension ging und sie sich nicht an einen anderen Betreuer gewöhnen wollte, mußte sie auch den Dienst quittieren.

Auf Grund seiner guten Lernfähigkeit hielt das Schwein auch in Zirkus- und Varieté-Vorstellungen Einzug.

Zirzensische Schweinedressuren waren anscheinend im zaristischen Rußland verhältnismäßig häufig. Spektakuläre Dressuren gelangen Mitgliedern der Artistenfamilie Durow. So war es einem Dompteur der Familie Durow gelungen, ein Schwein zum Fallschirmspringen abzurichten. Das Tier sprang aus einem Fesselballon, wonach sich sein Fallschirm öffnete. Ob dieses Kunststück dem Schwein „Spaß“ gemacht haben soll, wie die zeitgenössische Presse behauptete, darf bezweifelt werden. Eine etwas provokante Dressur zeigte im Jahre 1906 ein anderer Vertreter der Durows in Berlin, als er bei einer Zirkusaufführung ein Schwein in der Manege nach einer Pickelhaube suchen ließ. Dazu rief der Dompteur laut: „Schwein will Helm". Das Publikum, den Bezug auf den damaligen Kaiser Wilhelm II. verstehend, lachte und applaudierte. Der Auftritt dieses „Dressurclowns" wurde schnell verboten. Im Jahre 1955 trat in Berlin im Zirkus Barley ein sogenanntes Wunderschwein auf; es blies Tuba und „aß" mit seinem Herrn ordentlich am Tisch. Andere Schweinedompteure boten äquilibristische oder aufrecht nach Musik tanzende Tiere. Der staatliche Zirkus der DDR „Aeros" und die

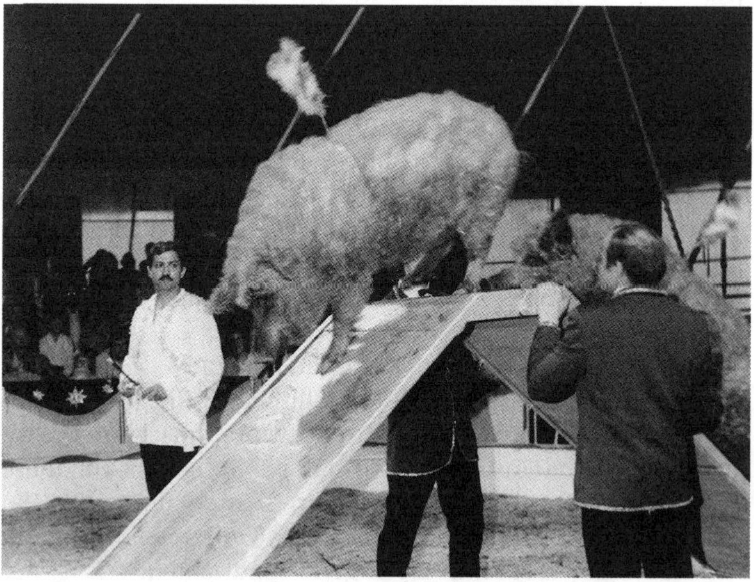

Abb. 3. Dressur mit Mangalicza-Schweinen (Ungarische Lockenschweine) im Zirkus „Hein" (DDR, 1987).

privaten Zirkusse „Hein“ und „Probst“ hatten im Jahre 1987 Schweinenummern in ihren Programmen. Beliebt sind dafür Mangalicza-Schweine (Ungarische Lockenschweine; Abb. 3). Bei Zirkusankündigungen oder für Reklamezwecke hat man mitunter Schweine als Zugtiere vor Wagen gespannt. Bisweilen lag auch eine abwegige Laune eines Herrschers vor. Alexej Tolstoi beschreibt in seinem Roman „Peter der Erste“, wie

Abb. 4. Hofnarr Fröhlich mit Schwein und Affe. Bronzeplastik, Dresden.

der jugendliche russische Zar eine von vier Ebern gezogene Karosse zu einer Geburtstagsfeier gelenkt hat. Im Dresdner Grünen Gewölbe ist eine um 1730 entstandene Elfenbeinschnitzerei zu besichtigen, die den Hofnarren Fröhlich auf einem von zwei Schweinen gezogenen Gefährt darstellt. Von seinem Gönner August dem Starken mußte sich Hofnarr Fröhlich unter anderem Graf von Saumagen titulieren lassen. Abb. 4 zeigt den seinerzeit landesweit bekannten Spaßmacher mit den Symboltieren Schwein und Affe.

Mancherorts hat man zur Belustigung und zum Wetten Schweinerennen veranstaltet, z. B. bei Volksfesten. Auch das sogenannte „Ferkelgreifen", wobei als Preis ein Ferkel ausgesetzt war, wurde bis in die jüngste Zeit geübt.

Genutzt wurden von altersher die Eberzähne (Hauer). Sie dienten den Menschen der Steinzeit als Produktionsmittel, beispielsweise bei den früheren Bewohnern der schweizerischen Pfahlbauten, aber sogar noch bis in jüngste Vergangenheit bei den Ureinwohnern pazifischer Inseln. Verwendet wurden sie als Stichel, Spitzmesser, Schaber oder Messerklingen, oft mit Nachschleifen der Schneidkanten auf Sandstein. Eberzähne nutzte man weiterhin zur Helm- und Brustpanzerung, als Schmuck, Kampf- und Jagdamulette sowie in Melanesien als Geld. Homer hat den kostbaren Eberzahnhelm des Odysseus bedichtet, Heinrich Schliemann im vorigen Jahrhundert Reste eines solchen Helmes bei seinen Ausgrabungen in Mykene gefunden.

Das angedeutete breite Spektrum der Verwendungszwecke unterstreicht die hohe materielle Wertschätzung, die dieses Nutztier in der Menschheitsgeschichte erfuhr, und zu welcher der sonstige diskriminierende Ruf des Schweines merkwürdig kontrastiert.

Vom Wildschwein zum Hausschwein

Seit Menschengedenken werden Wildschweine gejagt, einmal um Fleisch, Häute und andere Rohstoffe zu nutzen, später auch, um Wildschäden auf den Feldern zu verhindern. Steinzeitliche Knochenfunde lassen erkennen, daß stellenweise Wildschweine in großen Stückzahlen erlegt worden sind. Angesichts der primitiven Waffen, der nur mit angespitztem Stein oder Knochen besetzten Speere und Spieße oder auch Pfeile, bedeuteten das Jagen und Erlegen größerer Schwarzwildstücke schon ein sehr gefährliches, viel Mut erforderndes Unterfangen. Es wird angenommen, daß die altsteinzeitlichen Jäger Fallgruben und vielleicht auch Buschfeuer nutzten und in frühen Phasen sogar „Aasesser" gewesen sein könnten. Spätere bildliche Darstellungen aus der Antike zeigen Spieß bzw. Lanze (Saufeder) als Jagdwaffe für Schwarzwild.

Eine der ältesten Wildschweinzeichnungen, die vor rund 15 000 Jahren entstand, wurde neben vielen anderen Tierzeichnungen als Felsmalerei in der Höhle des spanischen Ortes Altamira entdeckt (Abb. 5). Dem Jagdzauber diente gewiß auch die Darstellung einer Wildschweinjagd aus Castellón (Spanien), die in die mittlere Steinzeit datiert wird (Abb. 6). Die in Abb.7 wiedergegebene Ritzzeichnung eines Ebers könnte als Amulett verwendet worden sein. In der Antike, z. B. auf Münzen, wurden Keiler häufig in furchterregender Form abgebildet. Damit unterstellte man diesen Tieren eine geradezu übernatürliche Kraft, so daß ihr Erlegen als Heldentat gewürdigt werden konnte. Das spiegelt sich auch in alt-

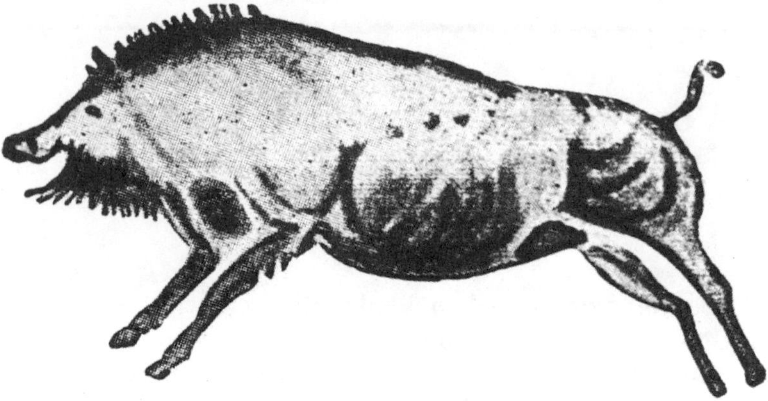

Abb. 5. Steinzeitliche Felszeichnung eines Wildschweines in der Höhle von Altamira (Spanien); etwa 12000 v. u. Z. Aus: Wilke, G.: Kulturbeziehungen zwischen Indien, Orient und Europa. Mannus-Bibliothek (Hrsg. G. Kossinna), Würzburg 1913.

Abb. 7. Altsteinzeitliche Schieferritzung eines Ebers als Amulett aus Alvao (Portugal). Aus: Wilke, G.: Kulturbeziehungen zwischen Indien, Orient und Europa. Mannus-Bibliothek (Hrsg. G. Kossinna), Würzburg 1913.

griechischen Heldenmythen wider. Herakles, der berühmteste Heros der griechischen Sagenwelt, Sohn des Zeus und der Alkmene, hatte im Rahmen seiner zwölf Arbeiten auch den Kampf mit dem Erymanthischen Eber zu bestehen, den er schließlich im Gebirge Erymanthos tötete (Abb. 8). Nicht weniger populär war die Sage von Meleagros und dem Kalydonischen Eber. Möglicherweise waren vor- und frühgeschichtliche Wildschweine regional auch von größerer Gestalt als spätere bzw. jetzige Vertreter dieser Art.

Die Entwicklungsgeschichte des Wildschweines (Sus scrofa Linnaeus 1758) läßt sich auf dem eurasischen Kontinent bis

---

◀

Abb. 6. Felsmalerei einer Wildschweinjagd aus der mittleren Steinzeit (Castellón/Spanien). Aus: Miramanow, W. B.: Kunst der Urgesellschaft. VEB Verlag der Kunst, Dresden 1973.

Abb. 8. Herakles und der von ihm eingefangene Erymanthische Eber. Attische Amphora (540 v.u.Z.). Aus: Sillar, F.C., und Meyler, R.M.: The Symbolic Pig. Oliver & Boyd, Edinburgh und London 1961.

ins Alttertiär, also Jahrmillionen, zurückverfolgen. In den damaligen Wäldern und Sümpfen, aus denen später die Braunkohle entstand, lebte als ein Vorläufer der kleine Paarhufer Anthracobunodon weigelti, ein noch relativ primitives Säugetier (Abb. 9). Zu den fossilen Vorfahren im Tertiär zählen ferner die Gattung Palaeochoerus aus dem Oligozän sowie Hyotherium und Sus choeroides aus dem Miozän.

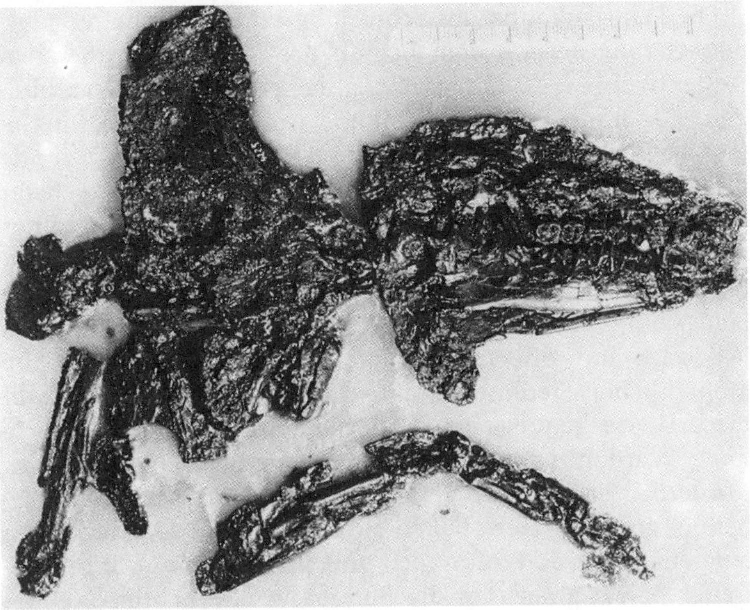

Abb. 9. Anthracobunodon weigelti, ein entwicklungsgeschichtlicher Vorfahr des Schweines im Tertiär (vor etwa 48 Millionen Jahren). Fossil aus der Braunkohle des Geiseltales bei Halle (Saale). Geiseltalmuseum der Martin-Luther-Universität Halle-Wittenberg. Foto: J. Erfurt, Halle (Saale).

In anderen Erdteilen und Ländern, wie Amerika, Australien oder Neuseeland, existiert der eurasische Wildschweintyp nicht, wie schon aus dem Namen hervorgeht. Die Hausschweinbestände in jenen Regionen stammen von Schweinen ab, die zumeist aus Europa von Kolonisatoren eingeführt wurden; daneben gibt es „Wildschweine" in Form ehemals verwilderter Hausschweine. Nach Amerika gelangte das Hausschwein mit der zweiten Seereise des Kolumbus im Jahre 1493. Er hatte damals acht ausgewählte Tiere dieser Art mitgenommen. Das Vorkommen völlig anderer Wildschweingattungen, z. B. in Afrika, sei hier lediglich erwähnt.

Die Domestikation des Schweines, seine dauerhafte Haustierwerdung, ist mit dem Beginn des Ackerbaues und dem Seßhaftwerden der urgesellschaftlichen Menschen verbunden. Für nomadisierende Stämme waren Schweine im Gegensatz zu Schafen und Ziegen hinderlich. Diese Gründe führten zu der Annahme, daß das Schwein wesentlich später als andere Tierarten domestiziert worden sei. Neuerdings neigt man jedoch mehr zu der Auffassung, daß es nach Hund, Rind, Schaf und Ziege auch verhältnismäßig früh Haus- und Nutztier geworden ist. Bekanntlich kommen Wildschweine öfters ohne größere Scheu in die Nähe menschlicher Siedlungen, um Abfälle zu suchen und auf diese Weise bequem an Futterquellen zu gelangen. Frischlinge wurden vom Menschen eingefangen, nachdem ihr Muttertier erlegt oder verjagt worden war; als kontaktliebende, gesellige Tiere ließen sie sich auch in Einfriedungen aufziehen, wurden zutraulich und fühlten sich an ihren Betreuer bzw. zumeist an die Betreuerin als „Leittier" gebunden. Der Mensch übernahm dann organisatorisch und züchterisch auch ihre Vermehrung, wobei die ihm genehmen Typen bevorzugt wurden.

An verschiedenen Stellen im pazifischen Raum, beispielsweise in Melanesien, gibt es bis in die jüngste Zeit Primitivhaltungen mit Übergangsformen zwischen Wild- und Hausschwein. Die Hausschweine laufen dort tagsüber in den Wald und kehren abends zurück; sie brauchen nicht eingetrieben zu werden. Eine rauschende Sau sucht einen wilden Eber im Wald auf und kommt beschlagen bzw. gedeckt in die Ansiedlung zurück. Es wird berichtet, daß Frischlinge bzw. Ferkel von Frauen der Naturvölker häufig auch gesäugt worden sind (Abb. 10).

Regelmäßiges Angebot von Küchenabfällen läßt Schwarzwild noch heute zutraulich werden. Dies soll aber kein Vorschlag für Schweineliebhaber sein. Gezielte Hege und Tierseuchenprophylaxe stehen solchem entgegen.

Abb. 10. Säugen von Ferkeln durch Frauen von Naturvölkern (Sakaifrauen im früheren Malakka, jetzt Malaysia). Aus: Kronacher, C.: Allgemeine Tierzucht. Paul Parey, Berlin 1921.

Durchaus möglich ist, daß die ersten von Menschen gehaltenen bzw. die bei ihm lebenden Schweine nicht gleich Nutztiere im heutigen Sinne waren. Vielleicht hat man sie anfangs mehr zur Geselligkeit gehalten und nur gelegentlich als Nahrungsquelle genutzt. Daraus ergäbe sich, daß Domestikation und Nutztierwerdung unseres Vierbeiners stellenweise ein schon relativ frühzeitig begonnener, aber längerwerdender Prozeß gewesen sein kann.

Entgegen früheren Ansichten stammen alle Hausschweine vom eurasischen Wildschwein Sus scrofa L. respektive von seinen Standortvarietäten oder Unterarten ab. Die Domestikation fand an verschiedenen Orten des eurasischen Kontinents und zu unterschiedlichen Zeiten statt. Zumeist wird dafür der Beginn des Neolithikums angegeben.

Von den frühen Zentren der Hausschweinentstehung ist vor allem der Vordere Orient zu nennen, besonders das die Flüsse Euphrat und Tigris umgebende Hügelland in Irak, Iran und Syrien. Aber auch Ostasien (China), Ägypten und Südosteuropa, hier beispielsweise die nordgriechische Landschaft Thessalien, gehören zu diesen frühen Domestikationsräumen. Die ältesten Knochenfunde von Hausschweinen reichen bis etwa 9000 Jahre zurück. Angaben über den Zeitfaktor der Domestikation schwanken, natürlich auch abhängig von den jeweiligen Territorien, zwischen 8000 und 3000 v. u. Z. Die Meinungen gehen auch darüber auseinander, ob jener Prozeß in Europa eigenständig stattfand oder von Vorderasien aus über Südosteuropa in Gang kam. Ungeklärt ist z. B., ob die unter starkem Einfluß der südosteuropäischen Jungsteinzeitkulturen stehenden, in Mitteleuropa einwandernden Bandkeramiker – eine Kultur mit ausgeprägt bäuerlicher Struktur – Hausschweine mitbrachten oder an ihren Siedlungsplätzen dortige Wildschweine zähmten.

Das domestizierte Schwein (Sus scrofa domesticus) zeigte jahrhundertelang noch deutliche Wildschweinmerkmale, in Mitteleuropa sogar bis in die Neuzeit hinein. Das Schwein errang im Spektrum der Haustierarten schon bald größere Bedeutung. Im Gegensatz zu Wiederkäuern und Einhufern mit nur einem bis zwei Nachkommen pro Jahr lassen sich von einer Sau 10 bis 20 Ferkel aufziehen. Das Schwein wurde so zum Symbol der Fruchtbarkeit. Man konnte Schweine billig mit Wirtschaftsabfällen aus Haus und Hof, Garten und Feldbau sowie aus gewerblichen Einrichtungen (Müllerei-, Bäkkerei- und Brauereinebenprodukte) ernähren. Besondere Bedeutung kam in früheren Jahrhunderten der Waldweide zu, wobei von den Tieren bevorzugt Eicheln und Bucheckern aufgenommen wurden. Damit bildete das Schwein eine verhältnismäßig sichere Fleisch- und Fettquelle, wenn auch Krankheiten gewiß oft zu vermehrten Verlusten führten.

Mit der fortschreitenden Züchtung durch den Menschen

veränderten sich einzelne äußere Merkmale. Körpergröße und Gehirnmasse nahmen ab; der Gesichtsschädel wurde kürzer, wobei die Stirn-Nasen-Linie „einknickte“ bis hin zum extremen Mopskopf im 19. Jahrhundert. Bei manchen Typen (Schlägen) bildeten sich Hänge- bzw. Schlappohren heraus. Die Zähne wurden kleiner bzw. kürzer, der Schwanz ringelte sich. Je nach Standort und Rasse änderten sich auch die gesamte Körperform sowie das Borstenkleid in Länge, Farbe und Dichte.

Im folgenden wird auf historische Zusammenhänge bei der Schweinehaltung in verschiedenen Regionen der Erde eingegangen.

Mit dem Schwein durch die Jahrhunderte

Ostasien und pazifischer Raum

Der Sage nach soll im Jahre 3468 v. u. Z. der chinesische Kaiser Fo-Hi auf die Züchtung zahmer Schweine gedrungen haben. Aus der Han-Zeit (206 v. u. Z.–220 u. Z.) fand man eine Reihe von Schweinefiguren in menschlichen Gräbern (Abb. 11). Sie sollten möglicherweise symbolhaft als Quelle von Reichtum im Jenseits dienen. Auch Schweinezeichnungen sind überliefert (Abb. 12).

In dieser Zeit hatte in China die Schweinehaltung wohl größeren Umfang als danach. Die intensive Bodenbewirtschaftung ließ dann keine Schweineweide mehr zu, aber auch keinen Überschuß für Schweinefutter. So hielten die Bauern jeweils nur ein Schwein, seltener zwei oder drei, und ernährten das unmittelbar am Haus, oft neben dem Abort gehaltene Schwein fast ausschließlich mit Abfällen, einschließlich Exkrementen. Ein Bauer des Dorfes hatte ständig eine Sau und versorgte seine Nachbarn mit den benötigten Ferkeln.

Das Schwein ist in China eines der zwölf astronomischen Tierkreiszeichen. Aus dem früheren chinesischen Buchstabenzeichen für Schwein (Abb. 13 zeigt den jetzigen Buchstaben), ergänzt mit einem Dach darüber, entstand das Zeichen für die Begriffe Heim, Haus, Familie, Ausdruck der seit dem Altertum engen Zugehörigkeit dieses Tieres zur bäuerlichen Familie. Trotzdem gab es wie in Europa Vorbehalte gegenüber dem Schwein. Es fungiert nicht nur als Nahrungsquelle,

Abb. 11. Altchinesisches Modell einer Schweinebucht. Grabbeigabe aus der Han-Zeit (206 v. u. Z. bis 220 u. Z.); Ton, 12 cm lang. Provinz Honan. Staatliche Museen zu Berlin, Ostasiatische Sammlung. Foto: V. Döring, Berlin.

sondern auch als Düngerlieferant für die intensive Feldwirtschaft, als kleine „Fleisch- und Dungfabrik".

Die chinesischen Schweinerassen, es gibt zahlreiche Lokalrassen, zeigen im Vergleich zu europäischen größere Fruchtbarkeit, die man jetzt in einzelnen europäischen Ländern

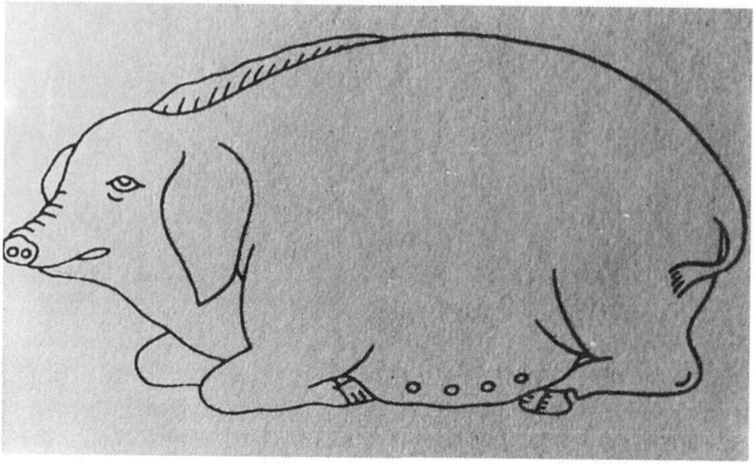

Abb. 12. Altchinesische Schweinezeichnung aus der Han-Zeit. Aus: Eberhard, W.: Lexikon chinesischer Symbole – Die Bildsprache der Chinesen. Diederichs Gelbe Reihe 68, München 1983.

猪 zhū

Abb. 13. Chinesisches Schriftzeichen für Schwein (zhū).

Abb. 14. Hausschweine ostasiatischen Typs auf Briefmarken der Volksrepublik China (8 Fen) aus dem Jahre 1960.

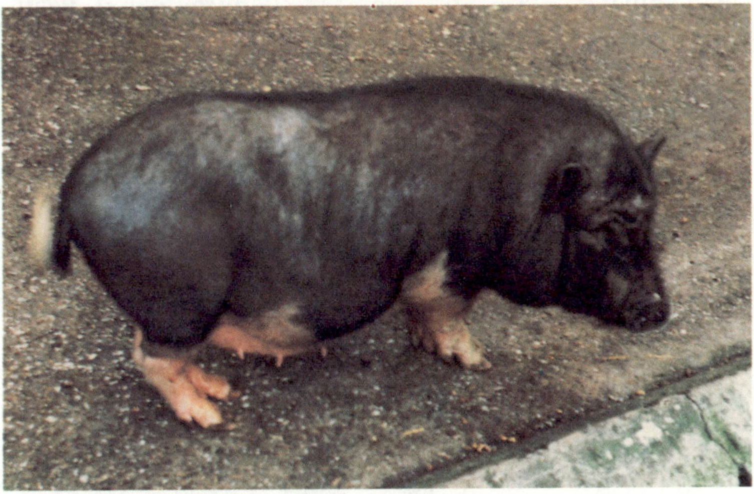

Abb. 15. Vietnamesisches Hängebauchschwein.

durch Einkreuzen wieder zu nutzen sucht, und schnelleres Fettwerden, wie Abb. 14 andeutet. Sie bringen durchschnittlich über 14 lebende Ferkel je Wurf zur Welt, sicher auch eine Folge jahrtausendelanger Selektion auf Wurfgröße; bei europäischen Rassen liegt diese zumeist nur bei etwa 11.

In der Volksrepublik China nahm die Schweinehaltung nach 1949 größeren Umfang an, staatlich gefördert und unter solchen Parolen wie „Jedem Chinesen ein Schwein" bzw. „Ein Schwein durch und für jeden Chinesen". Die Kommunen hatten mit Hilfe züchterischer Maßnahmen einschließlich der künstlichen Besamung die benötigten Jungschweine bereitzustellen. Etwa zwei Drittel davon mästete man dann in privater Haltung, und zwar ein bis drei Tiere je Familie, unter Ausnutzung aller häuslichen Futterreserven.

Ganz ähnlich liegen die Verhältnisse in Vietnam: Etwa 80 Prozent der ungefähr 12 Millionen Schweine (bei rund 60 Millionen Einwohnern) werden von bäuerlichen Familien gehalten, auch hier ein bis drei Tiere je Haushalt. Die restliche Population wird von genossenschaftlichen und staatlichen Betrieben gehalten. Bei erstgenannten stellt Gemüse eine wichtige Futterbasis dar. Geschlachtet werden die Tiere mit etwa 80 kg Körpermasse und verzehrt vorrangig in gekochter Form.

Schweinehaltung betreibt man in Vietnam schon seit über 4 000 Jahren. Alle 12 Jahre ist traditionsgemäß ein „Jahr des Schweines", zuletzt 1983. Das Schwein gilt hier ebenfalls als Glücksymbol. In Europa kennt man vor allem das in Zoologischen Gärten gehaltene Vietnamesische Hängebauchschwein (Abb. 15).

Im pazifischen Raum, beispielsweise in der Inselwelt Melanesiens (Papua-Neuguinea, Neukaledonien, Salomon-Inseln usw.) kennt man Nutzschweine schon seit rund 5 000 Jahren. Als die Europäer im 16. und 17. Jahrhundert auf diesen Inseln landeten, war das Hausschwein also schon da. Die Herkunft der Schweine liegt noch etwas im dunkeln. Abgesehen von verschiedenen mythisch-sagenhaften Deutungen, wäre es denkbar, daß die Tiere von zugewanderten Menschen mitgebracht worden sind oder aus Südostasien kommend, die Inseln in Etappen schwimmend erreicht haben. Die Wildschweine stammen hier von freigelassenen Hausschweinen ab.

Für die Naturvölker hatten und haben diese Vierbeiner große wirtschaftliche, soziale und religiöse Bedeutung. Sie dienen nicht nur als Nahrung, sondern auch als Opfertiere und als eine Art Handelsgeld (Tauschäquivalent), beispielsweise als Preis für eine Braut. Zähne werden häufig für Schmuckzwecke verwendet (Abb. 16–18). Die weitgehend freie Haltungsweise ist schon im Abschnitt über den Nutzen der Schweine erwähnt worden. Besondere Aufmerksamkeit widmet man den Ferkeln, wobei alle Arbeitsgänge den

Abb. 16. Eberzahnschmuck aus Papua-Neuguinea (um 1900): Kette aus Coix-Perlen mit zwei Hauern und Kasuar-Federn. Aus: Sammlung des Verfassers.

Abb. 17. Kette mit Schneidezähnen von Schweinen, Stücken von Bulbophyllum und Kuskusfell (Papua-Neuguinea, Simbu).
Aus: Sammlung des Verfassers.

Frauen obliegen. So erhalten die Ferkel nach der Geburt feierlich einen Namen. Die Fürsorge kann soweit gehen, daß die Frauen am Tage das Ferkel gegebenenfalls ähnlich einem Baby eng am Körper tragen oder es in späteren Lebenswochen im Freien an einer Leine führen. Die Frauen kennen auch Zaubersprüche und manchen aus Pflanzen gebrauten Trank, um das Wachstum der Tiere zu fördern, wobei solches Wissen von den Müttern übernommen und an die Töchter weitergegeben wird.

Nicht wenige Stämme auf den pazifischen Inseln feiern alle paar Jahre ein großes kultisch-religiöses Volksfest, zu dessen Anlaß lange Zeit vorher Schweine in großer Zahl aufgezogen und dann zu Hunderten geschlachtet werden. Sonst werden Schweine nur bei besonderen Feierlichkeiten in bescheidenem Rahmen verzehrt, z. B. bei einer Begräbnisfeier.

Abb. 18. Junges Paar aus Papua-Neuguinea mit Eberzahnschmuck (um 1900). Aus: Buschan, G.: Die Sitten der Völker. Union Deutsche Verlagsgesellschaft, Stuttgart-Berlin-Leipzig (o. J., um 1910).

Vorderer Orient und Ägypten

Frühe Funde von Schweineknochen und -statuetten kennt man von einer Reihe von Standorten, obwohl manches davon Wildschweine betrifft (Abb. 19–24). Danach zählten in den Stromtalkulturen Mesopotamiens (Irak) und Ägyptens sowie in anderen Ländern des alten Orients Schweine bereits im 5. bzw. 4. Jahrtausend v. u. Z. zu den Haus- und Nutztieren; dies also in Gebieten, wo jetzt seit annähernd zwei Jahrtausenden Schweine und ihr Fleisch aus religiösen Vorschriften generell abgelehnt werden. Die Domestikation wird für das Hügelland, das Euphrat und Tigris umgibt, ins 7. bis 5. Jahrtausend v. u. Z. gelegt.

In Sumer, einer der ältesten Hochkulturen, betrieb man im 3. Jahrtausend v. u. Z. bereits eine umfangreiche Schweinehaltung. Im Zweistromland trieben Hirten die Schweine auch in die Sümpfe und weideten sie dort. Die Mästung hatten Sklavinnen zu besorgen. Für Babylon wird beschrieben, daß frei umherlaufende Schweine zusammen mit Hunden die Straßen von Abfällen säuberten. In den Knochenfunden aus al-

Abb. 19. Altbabylonische bzw. sumerische Eberfigur (Dschendet-Nasr, um 2700 v. u. Z., Steatit). Aus: Champdor, A.: Kunst Mesopotamiens. VEB Seemann Verlag, Leipzig 1964.

Abb. 20. Terrakottafigur eines Schweines aus Mesopotamien (Fara, um 2450 v. u. Z.), 4,5 cm lang. Staatliche Museen zu Berlin, Vorderasiatisches Museum.

Abb. 21. Assyrisches Gefäß in Form von zwei Schweinchen (Behältnis für Kosmetika oder Kultzwecke, 8./7. Jahrhundert v. u. Z.). Staatliche Museen zu Berlin, Vorderasiatisches Museum.

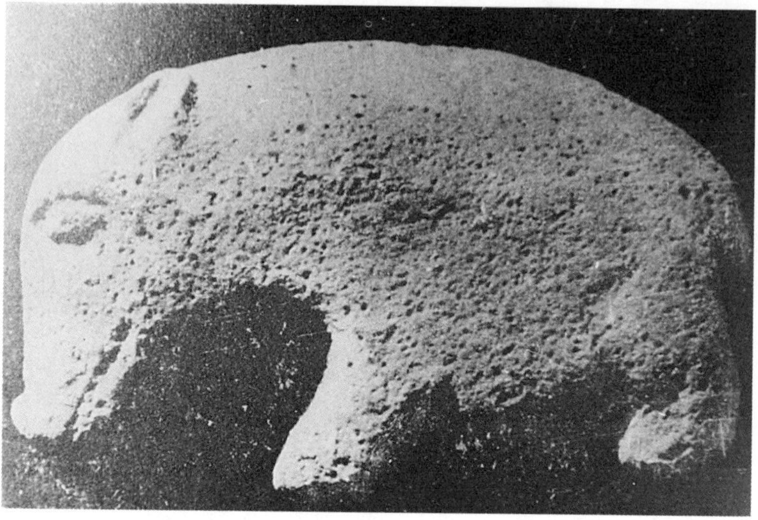

Abb. 22. Altägyptische Schweinefigur aus Abydos (1. Dynastie, 3. Jahrtausend v. u. Z.). Aus: J. Egypt. Arch. (1928).

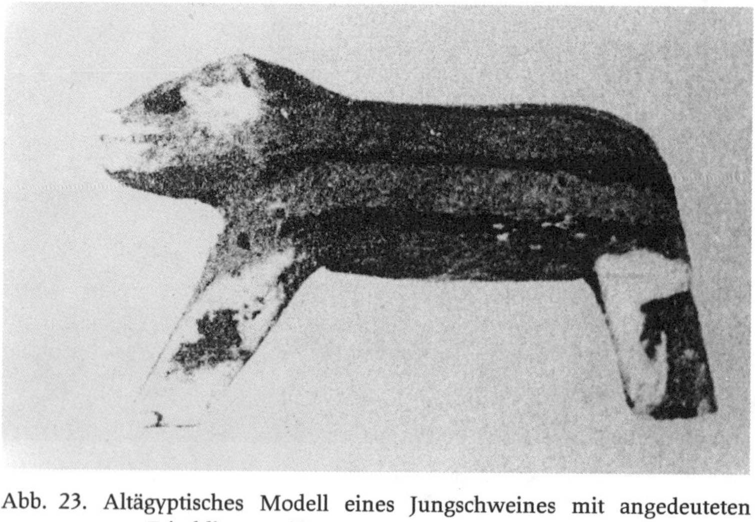

Abb. 23. Altägyptisches Modell eines Jungschweines mit angedeuteten Frischlingsstreifen. Aus: J. Egypt. Arch. (1928).

Abb. 24. Altägyptische Fayencefigur einer Sau mit Ferkeln. Aus: J. Egypt. Arch. (1928).

ten mesopotamischen Städten nehmen Schweinereste einen großen Anteil ein; z. B. betrug in Tell Asmar der Anteil der Schweineknochen 29 Prozent.

Der altbabylonische König Hammurapi (etwa 1728 bis 1686 v. u. Z.) hinterließ auf seinem bekannten steinernen Gesetzbuch (Dioritstele, jetzt im Pariser Louvre) in Keilschrift auch Bestimmungen über Schweine. So sind darin Strafen für den Diebstahl von Schweinen und anderem festgelegt, ein interessantes Beispiel für die nach sozialer Rangordnung urteilende Justiz der frühen Sklavenhaltergesellschaft.

„Gesetzt ein Mann hat entweder ein Rind ... oder ein Schwein ... gestohlen, gesetzt, es ist Eigentum des Gottes oder Tempels, wo wird er es dreißigfach wiedergeben. Gesetzt, es ist Eigentum eines Muschkenu*), so wird er es zehnfach ersetzen. Gesetzt, der Dieb hat nichts zu geben, so wird er getötet."

*) Muschkenu = eine Sklaven besitzende Schicht, aber unter den Freigeborenen stehend

Schweinefleisch war im Zweistromland und im alten Ägypten anscheinend relativ billig und nicht allzu geschätzt. Schweine galten zunehmend als unrein. In neubabylonischer Zeit, Mitte des 1. Jahrtausends v. u. Z., bezeichnete man die Schweine in Fabeln und Sprüchen schon als dumm, schmutzig und als Greuel. Die Ablehnung dieses Tieres griff um sich.

Im alten Ägypten entwickelte sich das Hausschwein vermutlich im Nildelta aus der dortigen Varietät von Sus scrofa L. (4. Jahrtausend v. u. Z.). Möglicherweise wurde es auch aus Mesopotamien oder Anatolien eingeführt. Schon im Alten Reich (3. Jahrtausend v. u. Z.) soll es nicht sehr geachtet gewesen sein. Der griechische Geschichtsschreiber Herodot (um 484–425 v. u. Z.) berichtete, daß die Ägypter das Schwein für unrein hielten, weil es Kot und Aas frißt, und daß Sauhirten nicht die Tempel betreten durften. Dem Gott Seth geweiht, soll dieses Tier damals auch als böser Dämon angesehen worden sein. Diese Unrein-Auffassung wird jetzt etwas angezweifelt, denn trotz der genannten negativen Ansichten hielt man im alten Ägypten die Schweine bald in größeren Herden bis zu 1000 und mehr Tieren. Selbst die Tempel besaßen umfangreiche Schweineherden.

Wie schon erwähnt, nutzten die Ägypter Schweineherden auch zum Eintreten des Saatgetreides. Dies läßt sich auf Wandzeichnungen von Grabkammern in Theben erkennen (Abb. 25). Man verlieh Schweine hierzu sogar an andere Leute. Außer als Nahrungsquelle dienten Schweine vor allem als Opferobjekte, also kultischen Zwecken. Amulette in Gestalt eines Schweines galten schon damals als Glückbringer. In einer Grabkammer von Theben (Grab des Kagemni, um 2250 v. u. Z.) ist in einem Wandbild dargestellt, wie ein Hirt anscheinend ein Ferkel mit vorgekauter Nahrung füttert, vermutlich um ihm das Futter leichter verdaulich zu machen oder als Sauenmilchersatz (Abb. 26). Anscheinend ließ man Sauen öfters noch von Keilern beschlagen bzw. bedek-

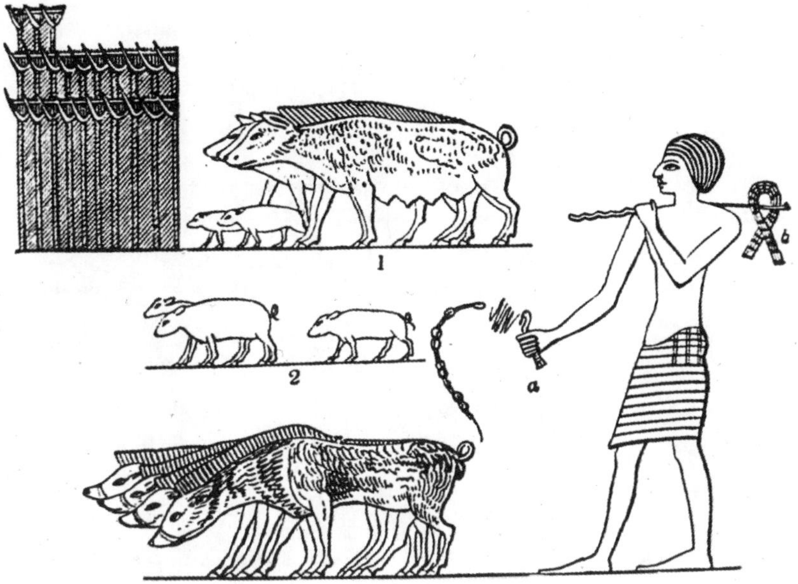

Abb. 25. Altägyptische Wandzeichnung im Grab des Inena in Theben (um 1450 v. u. Z.). 1: Sau mit Ferkeln; 2: Jungschweine. a: (vermutlich) Saat eintretende Schweine; b: Schweinehirt mit Knotenpeitsche und Schlinge. Aus: Wilkinson (1878).

ken. Die Frischlingsstreifung abgebildeter Ferkel deutet darauf hin.

Daß Schweine im alten Ägypten sogar eine kosmische Dimension erhielten, zeigt uns eine sehr poetische Sternensage aus dem Nilland. Die Ägypter stellten sich die zumeist menschengestaltige Himmelsgöttin Nut gelegentlich auch als Schwein bzw. Sau vor. Jeden Morgen verschlang sie die Sterne, wie manchmal eine Sau ihre Ferkel. Man nahm also an, daß die am Tage unsichtbaren Sterne im Leib der Göttin verborgen sind. Jeden Abend gebar Nut dann von neuem die Sterne, ähnlich wie eine Sau die Ferkel.

In Kleinasien und Armenien soll das Schwein an einzelnen Orten schon im 7. Jahrtausend v. u. Z. Haustier gewesen

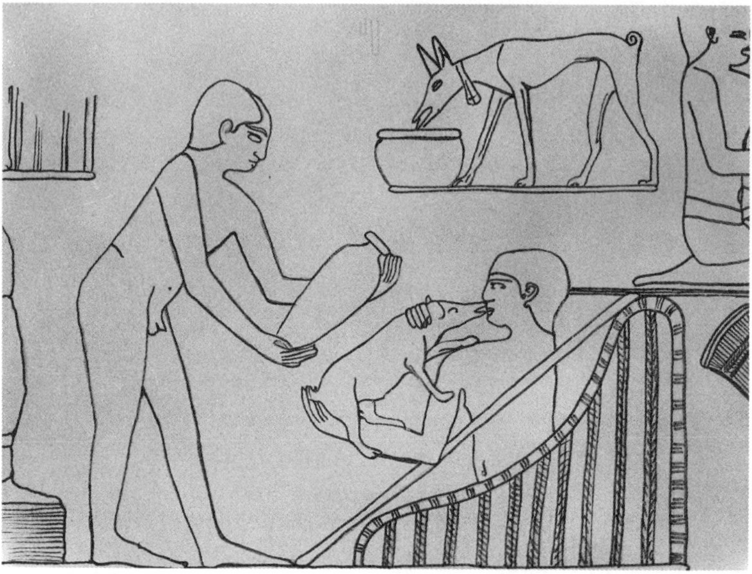

Abb. 26. Schweinehirt füttert Ferkel, anscheinend mit vorgekauter Nahrung. Wandzeichnung im Grab des Kagemni in Sakkara (um 2250 v. u. Z.). Aus: Firth, C. M., und Gunn, B.: Teti pyramid cemetries. Kairo 1926.

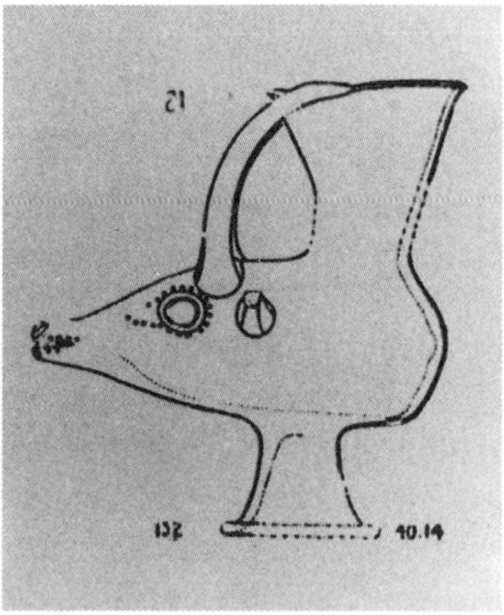

Abb. 27. Trinkgefäß (Rhyton) mit Schweinekopf aus Jericho. Nach Ann. Anthrop. Arch. 21, aus: Brentjes, B.: Ethnogr. Arch. Z. (1962), S. 125.

sein. Funde von frühgeschichtlichen Schweinestatuetten oder Trinkgefäßen, z. B. aus Beth-Shan und Jericho (Abb. 27), weisen darauf hin, daß auch im vorisraelischen Palästina Schweine gehalten worden sind, etwa bis Ende des 2. Jahrtausends v. u. Z., in Jericho möglicherweise schon im 5. Jahrtausend v. u. Z. beginnend. Die seßhaften Kanaaniter nutzten Schweine als Haustiere, bis die ökologischen Bedingungen sich änderten und die nomadisierenden Israeliten einwanderten. Auch in der Bibel wird an einzelnen Stellen (Jesaja, Matthäus, Markus) Schweinehaltung in diesem Gebiet erwähnt.

Manchen bewegt immer wieder die Frage, warum die semitischen Völker, also Menschen jüdischen und islamischen Glaubens, kein Schweinefleisch essen. Teilweise betrifft das auch Angehörige der Hindu-Religion. Diese Ablehnung erstreckt sich auf viele Staaten Afrikas und Asiens, von Westafrika bis nach Südasien hin. In den letzten Jahrzehnten ist man der Antwort wohl näher gekommen.

Bisherige Begründung und am bekanntesten sind die im Alten Testament der Bibel und im Koran genannten religiösen Verbote. Doch selbst bei Respektieren dessen ist die Frage nach dem eigentlichen Warum gestattet. Die betreffenden Formulierungen in der Bibel und im Koran geben dem Außenstehenden keine befriedigende Antwort. An einzelnen Stellen des Neuen Testaments werden dagegen Schweine als Nutztiere erwähnt, z. B. in der Geschichte vom verlorenen Sohn, die später mehrfach Motiv für Maler war.

In der Bibel (3. Buch Moses) heißt es (in der Übersetzung von Martin Luther):

„1. Und der Herr redete mit Moſe und Aaron und ſprach zu ihnen:
2. Redet mit den Kindern Israels und ſprecht:
Das ſind die Tiere, die ihr eſſen ſollt
unter allen Tieren auf Erden.
...
...

7. Und ein Schwein spaltet wohl die Klauen,
aber es wiederkäut nicht, darum soll's euch unrein sein.
8. Von diesem Fleisch sollt ihr nicht essen noch ihr
Aas anrühren, denn sie sind euch unrein."

Im 1. Buch Moses der Bibel (Genesis) ist anscheinend noch das Fleisch aller Tiere als Nahrungsmittel zugelassen, also auch das vom Schwein („Alles was sich regt und lebt, das sei eure Speise"). Lediglich Blut und nicht ausgeblutetes Fleisch gelten als verzehrungsunwürdig.

Im Koran (16. Sure) lautet die betreffende Stelle:

„115. Esset von dem, was euch Allah bescherte,
das Erlaubte und Gute, und danket der Gnade
Allahs, so ihr ihm dienet.
116. Verwehrt hat er euch nur das Krepierte und Blut
und Schweinefleisch und das, worüber ein
anderer als Allah angerufen ward;" *)
(ähnlich in der 2. Sure, 168).

In der Bibel wird an einzelnen Stellen auch berichtet, wie fremde Herrscher versuchten, die Juden von ihren Gebräuchen und ihrem Glauben abzubringen. So geht aus dem 1. und 2. Buch der Makkabäer (Altes Testament) hervor, daß im 2. Jahrhundert v. u. Z. seleukidische Herrscher wie Antiochos die jüdischen Bewohner Palästinas zwangen, „Saufleisch zu opfern und andere unreine Tiere", Schweinefleisch zu essen und die Beschneidung ihrer männlichen Kinder zu unterlassen. Viele Juden, die sich weigerten, mußten grausame, oft tödliche Strafen erleiden.

Als reale Gründe hat man in Betracht gezogen:

- ✡ die schon im Altertum vermerkte Neigung der Schweine zum Wühlen und Suhlen in Erde, Schmutz und Sumpf sowie das Fressen von Kot, Aas (Kadaverresten) und eventuell eigenen Ferkeln, wie z. B. bei falschem Umgang mit den Tieren oder extremer Mangelernährung. Hieraus lei-

*) d. h. anderen Göttern geweihtes Fleisch

teteten sich mit die Ansicht und Symbolik ab, das Schwein sei „unrein".

- ✫ Ansteckung mit Krankheitserregern über das Schweinefleisch, insbesondere mit Trichinen und Bandwurmfinnen. Ob man aber vor rund 2000 Jahren die früher sicher häufige Übertragung dieser Parasiten auf Menschen und deren Erkranken mit teilweise tödlichem Ausgang schon richtig erkannt hat, erscheint noch nicht ganz geklärt.
- ✫ Verzehr fetten Schweinefleisches oder von Schweinefett, in südlichen Ländern beliebt gewesen, soll nach Angaben aus dem Altertum zu Hautausschlag bzw. „Aussatz" (Lepra) geführt haben. Hauterkrankungen sind bei einseitiger, fetter und vitaminarmer Ernährung durchaus möglich.

Zedlers Lexikon von 1743 vermengt beides: Es war „den Israeliten verboten, weil die Finnen als eine Art des Aussatzes lauter böse Feuchtigkeit erwecken, und also in dem gelobten Lande den Aussatz verursachte."

Derzeit ist man der Auffassung, daß die Ablehnung des Schweines durch gläubige Juden und islamische Völker auf zwei Ursachen ökologischer und sozialökonomischer Art zurückgeführt werden muß.

Erstens: Ab Ende des 2. Jahrtausends v. u. Z. und weiter im 1. Jahrtausend v. u. Z. setzte im vorderasiatischen Raum ein Klimawechsel mit Versteppung ein. Die Wälder schwanden mehr und mehr, gefördert durch Abholzen zur Brennmaterialgewinnung u. a. sowie infolge zerstörerischen Abweidens durch Schweine und kleine Wiederkäuer.

Hatten Schweine in der altorientalischen Wirtschaft bis dahin eine relativ große Rolle als Fleischquelle gespielt, wurden sie nun als Folge der Verringerung der Futterbasis zunehmend zu Nahrungskonkurrenten der Menschen. Für eine Stallhaltung fehlte das erforderliche Mehrprodukt an Feldbauerzeugnissen.

Zweitens: Für nomadisch lebende Völker, wie anfangs die israelischen und später viele mohammedanische Stämme, war das Schwein als Haustier, wirtschaftlich-organisatorisch gesehen, hinderlich. Es war an ackerbautreibende, seßhafte Menschen (Bauern) gebunden, wie sie im Zweistromland, in Ägypten und als Kanaaniter im vorisraelischen Palästina gesiedelt hatten. Das Schwein galt den Nomaden als ein verachtenswertes Statussymbol dieser seßhaften, kulturell oft höher stehenden Völker, die sie als sozialökonomische Gegner ansahen.

Diese Gründe waren es, verbunden möglicherweise mit der schon vorher bestehenden Ansicht über Unreinheit der Schweine und religiös entsprechend umkleidet, die zum Rückgang der Schweinebestände und zum Ablehnen und Verachten der Schweine bei den genannten Völkern führten. Nur einzelne andersgläubige Restvölker, wie die christlichen Kopten, behielten in diesem Raum eine gewisse Schweinehaltung bei.

Manche dieser Gründe sollten heute eigentlich nicht mehr diese Bedeutung haben. Deshalb erscheint die in vielen Ländern nach wie vor bestehende, religiös motivierte, strikte Ablehnung des Schweinefleisches Außenstehenden nur schwer verständlich, zumal die Bevölkerung dieser Länder oft noch nicht ausreichend mit Nahrungsmitteln, die einen hohen Gehalt an vollwertigem Eiweiß besitzen, versorgt werden kann. Bedenken sollten wir allerdings, daß dafür unsere Vorbehalte oder teilweise Antipathie gegenüber Pferde- und Schaffleisch anderen Völkern ebensowenig verständlich sind.

Griechenland und Rom

Aus dem altgriechischen Kulturkreis ist manchem die Schweinebeschreibung in Homers „Odyssee“ bekannt. Hierin wird der Schweinegroßbestand des Helden Odysseus auf Ithaka und dessen „Schweinemeister“, der angesehene „göttliche“ Sauhirt Eumaios geschildert. In 12 Freilandgehegen befanden sich danach je 50 Sauen, zusammen also 600. Dazu kamen Eber und 360 andere Schweine, von Hunden bewacht und tagsüber geweidet. Für die fürstlichen Gäste der Gattin des langjährig abwesenden Odysseus wurden täglich Eber geschlachtet. Die Hirten (Schweinepfleger) hatten sich mit Spanferkeln zu begnügen.

Aus der „Odyssee", 13. und 14. Gesang, nach der Übersetzung von Johann Heinrich Voß (1781):

Dem heimkehrenden Odysseus wurde geboten:

„Hierauf gehe zuerst dorthin, wo der treffliche Sauhirt
Deiner Schweine hütet, der stets mit Eifer Dir anhängt.
Sitzend findest Du ihn bei der Schweine weidender Herde,
allda mästen sie sich mit lieblichen Eicheln, und trinken
schattiges Wasser, wovon das Fett den Schweinen entblühet. ...
Sitzend fand er ihn jetzt an der Schwelle des Hauses, im Hofe,
welcher hoch, auf weitumschauendem Hügel, gebaut war,
schön und ringsumgehbar und groß. Ihn hatte der Sauhirt
selber den Schweinen erbauet, indes sein König entfernt war,
von gesammelten Steinen, und oben mit Dornen umflochten.
Draußen hatt' er Pfähle von allen Seiten in Menge
dicht aneinander gepflanzt, vom Kern der gespaltenen Eiche.
Innerhalb des Gehegs hatt' er zwölf Kofen bereitet, einen nahe dem andern,
zum nächtlichen Lager der Schweine.
Fünfzig lagen in jedem der erdaufwühlenden Schweine,
alle gebärende Mütter; und draußen schliefen die Eber,
weit geringer an Zahl: denn schmausend verminderten diese
täglich die göttlichen Freier, es sandte jenen der Sauhirt
immer die besten zum Schmause von allen gemästeten Ebern;
und der übrigen Zahl war nur dreihundert und sechzig.
Auch vier große Hunde, wie reißende Tiere, bewachten
stets den Hof; sie erzog der männerbeherrschende Sauhirt."

Die bekannte Verwandlung der Gefährten des Odysseus in Schweine durch die Zauberin Kirke war auch ein Thema der altgriechischen Vasenmalerei (Abb. 28). Jedenfalls ist festzustellen, daß man im antiken Griechenland deutlich mehr

Abb. 28. In Schweine verwandelte Gefährten des Odysseus. Attische Vase (rotfiguriger Lekythos, 5. Jahrhundert v. u. Z.). Archäologisches Nationalmuseum Athen.

Schweine gehalten hat als im gegenwärtigen. Sicher wirkten sich hierbei die Verminderung der Wälder und jahrhundertelange Besetzung durch die islamgläubigen Türken aus. Der griechische Universalgelehrte Aristoteles (384–322 v. u. Z.) hatte geschrieben: Von allen Tieren gewöhnt sich das Schwein am leichtesten an jedes Futter, wird auch am schnellsten groß und dick. In 60 Tagen kann man es ausmästen. Das Fettwerden wird durch Ruhe gefördert und geht beim Schwein schneller vor sich, wenn es sich im Schlamm wälzen kann. Der kühlende und hautreinigende Einfluß des Suhlens auf das Wohlbefinden dieser Tiere und von Ruhe auf deren Körpermassezunahmen war also schon im Altertum bekannt.

Schweinemotive finden sich auf attischen Vasen und auf altgriechischen Münzen (Abb. 29 und 30). Derartige Darstellungen aus dem griechischen Mythos zeigen ebenfalls römische Münzen (Abb. 31).

Abb. 29. Griechische Schweineopferszene, gemalt auf einer attischen, sog. Meisterschale (um 520 v. u. Z.). Nach Nicole, S.: La peinture des vases grecs (Paris-Brüssel 1926), aus: Brentjes, B.: Ethnogr. Arch. Z. (1962), S. 125.

Große Bedeutung hatten Schweinehaltung und Schweinefleischverzehr im antiken Römischen Reich erlangt, insbesondere seit Beginn der Kaiserzeit und unserer Zeitrechnung. Hierüber liegen Berichte mehrerer römischer Schriftsteller vor, so von Plinius, Varro und Columella. Schweinefleisch, Schinken und Wurst daraus waren wichtige Nahrungsmittel der Bürger, die vielen Sklaven wahrscheinlich ausgenommen. Schweine gehörten damals anscheinend zu jedem landwirtschaftlichen Gehöft bzw. Betrieb. Meist hat man sie zur

Abb. 30. Eberdarstellung auf einer altgriechischen Silbermünze (Hemiobol) aus Kyzikos in Mysien/Kleinasien, 480–450 v. u. Z., 10 mm Durchmesser (links) und Hausschwein als Fruchtbarkeitssymbol auf einer Bronzemünze aus Eleusis bei Athen, 4. Jahrhundert v. u. Z., 12 mm Durchmesser (rechts). Aus: Sammlung des Verfassers.

Vereinfachung der Haltung und Mastförderung kastriert. Einzelne Autoren erwähnen sehr fette Schweine, welche kaum noch laufen konnten. Die Vorliebe für fette Schweine wird auch in anderen südlichen Ländern und auch später ersichtlich. In Rom und seiner Umgebung hatte sich, unter Nutzung von Mahl- und Backabfällen, vermehrt Schweinehaltung entwickelt. Der römische Gelehrte Varro (116–27 v. u. Z.) hatte als wirtschaftlich günstigste Herdengröße 100 bis 150 Schweine bezeichnet (ein Eber für zehn Sauen). Schinken brachte man sogar aus großen Entfernungen heran, so von den Marsern (jetziges Westfalen) und aus Gallien (jetziges Frankreich).

Bei den Ausgrabungen von Pompeji, bekanntlich durch den Vesuvausbruch im Jahre 79 u. Z. verschüttet, kam ein Relief mit einer Opferszene und einem Jungschwein als Opfertier, anderenorts eines mit einer Schlachtszene zutage (Abb. 32 und 33). An den Resten antiker Bauten Roms gibt es Reliefs mit Ebern als Opfertiere (Abb. 34).

Abb. 31. Schweinedarstellungen auf römischen Denaren aus dem 1. Jahrhundert v. u. Z., 18 mm Durchmesser. Links: Erymanthischer Eber, rechts: Kalydonischer Eber, von Hund und Spieß attackiert, unten: Lavinische Opfersau des Äneas mit 2 Penaten (Hausgötter des Äneas). Aus: Sammlung des Verfassers.

Man hat auch Grabsteine gefunden, die einzelne Römer gemäß den Inschriften manchen ihrer Schweine gewidmet haben. Ein solcher Grabstein trägt neben einem abgebildeten kleinen Schwein die Inschrift (nach Brentjes, 1986):

PORCELLA HIC DORMIT IN P.
QVINXIT ANN. III. M. X. D. XIII
(Hier schläft in Frieden ein Schweinchen. Es lebte 3 Jahre, 10 Monate und 13 Tage).

Abb. 32. Opferferkel auf ausgegrabenem Relief in Pompeji (Römisches Reich, 1. Jahrhundert u. Z.). Aus: Eschebach, H.: Pompeji. VEB Seemann Verlag, Leipzig 1984 (Foto: J. Adamiak).

Von dem am Hof Kaiser Neros lebenden Schriftsteller Petronius stammt das erdachte Testament eines Schweines vor seiner Schlachtung: Danach soll man ihm einen Grabstein errichten, seinen Körper gut behandeln und richtig salzen; sein Gekröse sollen die Wurstmacher haben, seine Lenden die Frauen, seine Blase die Knaben, seinen Schwanz die jungen Mädchen ...

Plinius der Ältere (123–79 u. Z.) erzählt in seiner „Naturalis historia" („Naturgeschichte"), erschienen im Jahre 77 u. Z., von Haltung, Fütterung, Opferung, Krankheiten und Sterilisierung der Sauen, von der Zubereitung des Fleisches u. a.; darunter findet sich auch manches Absonderliche. Deutlich

Abb. 33. Schlachtszene auf ausgegrabenem Relief eines antiken Grabaltars aus Aquileia. Museo Archeologico Verona.

rationeller berichtet im 1. Jahrhundert u. Z. der bedeutende römische Ackerbauschriftsteller Columella in seinem Werk „De re rustica" („Über die Landwirtschaft") über die Schweinehaltung, die Anforderungen an das Äußere der Zuchtschweine, vor allem der Zuchteber, sowie über Aufzucht, Fütterungs- und Haltungsbedingungen, wirtschaftliche Aspekte u. a. So wird seit dem Altertum, wie durch ihn, bis

Abb. 34. Schwein auf einer Opferszene mit Kaiser Marcus Aurelius (2. Jahrhundert u. Z.) auf dem Constantinusbogen in Rom (Reliefausschnitt, Schwein mit Gurt unten rechts). Aus: Oppermann, M.: Römische Kaiserreliefs. VEB Seemann Verlag, Leipzig 1985.

hin ins 18. Jahrhundert die Forderung erhoben, den Muttersauen nur 7 bis 8 Saugferkel zu belassen (heutzutage sollen es mindestens 10 bis 12 sein). Die übrigen sollte man als Spanferkel verwerten, damit sich die Muttersau nicht erschöpft. Hier kommen die damalige geringere Ernährungsintensität bzw. Futtergrundlage und die schwächere Zuchtkondition der Sauen zum Ausdruck. Besonders interessant sind Columellas Anforderungen an die Qualität der Arbeit des Schweinepflegers. Mancher Satz hieraus ließe sich auch heute noch bei der Aus- und Weiterbildung der Schweinebetreuer zitieren.

Aus Columellas „De re rustica" (Übersetzung von K. Ahrens):

„Oben darf man die Koben nicht zudecken, damit von dort her der Hirt die Ferkel zählen und, wenn die Mutter beim Niederlegen eins davon zu erdrücken droht, es unter ihr hervorziehen kann. Er soll (aber) wachsam, unermüdlich, eifrig und anstellig sein und alle Muttersauen und jüngeren Tiere, die er betreut, so gut kennen, daß er bei jeder einzelnen den Termin des Ferkelns beurteilen kann. Solche, die kurz davor stehen, soll er ständig beobachten und einschließen, damit sie ihre Jungen im Koben zur Welt bringen. Nachher soll er sich sofort merken, wieviele und was für Ferkel es sind, und dafür sorgen, daß nicht eins bei einer anderen als der eigenen Mutter trinkt, denn leicht kommen die Ferkel, wenn sie aus dem Koben entwischen, durcheinander und eine Sau läßt, wenn sie sich niedergelegt hat, fremde Ferkel ebenso saugen wie ihre eigenen. Somit ist es erste Pflicht des Sauhirten, jede Sau mit ihrem eigenen Nachwuchs zusammenzusperren. Wenn sein Gedächtnis nicht ausreicht, den Wurf einer jeden zu erkennen, so muß er mit flüssigem Pech auf Sau und Ferkel das gleiche Zeichen malen und jeden Wurf einschließlich der Mutter durch Buchstaben oder sonstwie verschieden kennzeichnen. Denn bei einer größeren Zahl bedarf es besonderer Markierungen, damit nicht der Hirt in seinem Gedächtnis irre wird.

Ein gewissenhafter Schweinezüchter fegt häufig den Stall aus und noch häufiger die Koben, denn mag auch das Schwein beim Fressen sich noch so schweinisch gebärden, so wünscht es doch ein ganz reines Lager."

Ab Ende des 3. Jahrhunderts u. Z. ließen römische Kaiser neben „Brot und Spielen" zeitweise auch Schweinefleisch an die Bewohner Roms kostenlos verteilen, um sie von aufrührerischen Handlungen abzuhalten. Spezielle Schweinehändler sammelten und kauften hierzu die benötigten Schweine ein.

Auf bildlichen Darstellungen von Hausschweinen des Altertums und des Mittelalters, aus unterschiedlichen Zeitab-

Abb. 35. Antike Tonstatuette eines Hausschweines, Unteritalien, 5. Jahrhundert v. u. Z., 7,1 cm hoch, 10,6 cm lang. Staatliche Kunstsammlungen Dresden, Skulpturensammlung (Foto: Pfauder).

schnitten und Ländern, ist vielfach noch ein Borstenkamm auf dem Rücken der Tiere zu erkennen, als Relikt des Wildschweines (Abb. 35). Es zeugt von der noch geringen Durchzüchtung des Hausschweines, oft aber auch von erneuter Wildschweineinkreuzung.

Wie Abbildungen auf antiken Gefäßen (Abb. 36), Reliefs und Münzen zeigen, besaß das Haus- und Nutzschwein der Griechen und Römer einen tiefen, tonnenförmigen Rumpf, einen etwas kürzeren Kopf und einen leichten Senkrücken, im Gegensatz zu dem nachfolgend beschriebenen Schwein der Kelten, Germanen und Slawen. Man hat ersteres auch als Romanische Schweinerasse bzw. Romanischen Typ bezeichnet und eine Abstammung vom asiatischen Bindenschwein (Sus scrofa vittatus) bzw. indischen Hausschwein angenom-

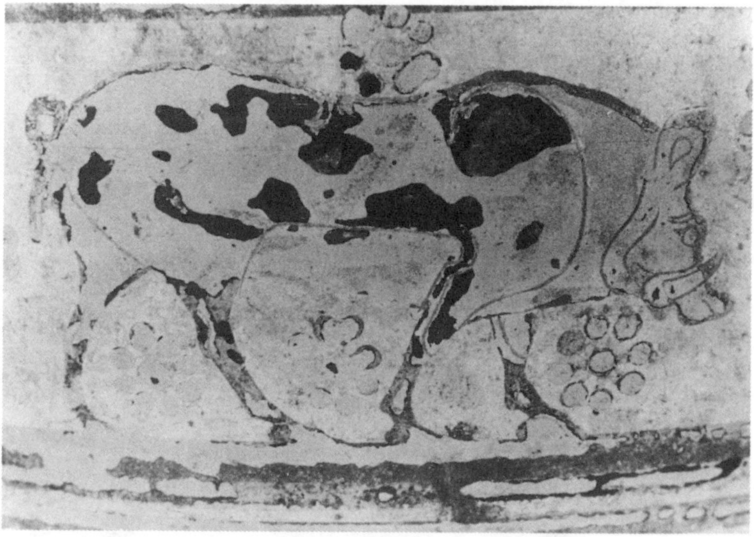

Abb. 36. Hausschwein der Antike auf frühkorinthischer Olpe (Salbengefäß) aus Cervetri (Mittelitalien, um 630 v. u. Z.). Schloßmuseum Gotha.

men. Wahrscheinlich haben aber bessere Durchzüchtung und Futtergrundlagen mitgewirkt.

Ein breiter, teilweise Verzierungen aufweisender Gurt bzw. Gürtel um Rücken, Brust und Bauch auf manchen Schweinedarstellungen, dorsualis (Rückenband) genannt, scheint kultischer Schmuck von Opferschweinen gewesen zu sein.

Kelten und Germanen

In Mitteleuropa sind Hausschweine etwa seit dem 5. Jahrtausend v. u. Z. bekannt, der frühen Periode der Bandkeramiker. Die jungsteinzeitlichen Bauern besaßen bereits Rind, Schaf und Ziege, Hund und Schwein als Haus- und Nutz-

Abb. 37. Schweinefigur aus dem Neolithikum oder der frühen Eisenzeit, gefunden im Jahre 1930 in Scheiplitz bei Weißenfels (Ostthüringen); Ton, ca. 8 cm lang. Landesmuseum für Vorgeschichte, Halle (Saale).

tiere. Die Jagd auf Schwarzwild trat dagegen zahlenmäßig zurück.

In Scheiplitz bei Weißenfels (Ostthüringen) fand man im Jahre 1930 in einer Kiesgrube zwei etwa 8 cm lange, aus Ton gefertigte Schweinefiguren (Abb. 37), die aus der jüngeren Steinzeit (4000–2000 v. u. Z.) oder aus der frühen Eisenzeit stammen. Ob sie Wildschweine oder sehr urtümliche Hausschweine darstellen, ist noch nicht ganz geklärt, ebenso nicht, ob sie kultische Gegenstände, z. B. für Jagdzauber, Kinderspielzeug oder Tierfiguren ohne bestimmten Zweck sind.

Reste frühgeschichtlicher Schweine, früher als Torfschweine bezeichnet, waren schon im vorigen Jahrhundert an Pfahlbauten in der Schweiz gefunden worden, dann auch in anderen europäischen Ländern. Früher sah man das sogenannte Torfschwein als gesonderten Schweine- und Kümmerertyp an. Jetzt ist anhand exakter Untersuchungen erkannt, daß die Domestikation vielerorts eine deutlich geringere Körpergröße bei den frühen Hausschweinen nach sich zog. Hatten Wildschweine im Neolithikum eine Widerristhöhe von durchschnittlich 97 cm, betrug sie bei den jungsteinzeitlichen Hausschweinen nur 75 cm, errechnet aus den gefundenen Knochen; auch im Mittelalter waren es durchschnittlich nur 74 cm. Ursachen dieser Größenabnahme waren vermutlich die Einschränkungen des Lebensraumes und der Ernährung, möglicherweise auch das Bevorzugen kleinerer, friedlicherer Eber bei der Zucht sowie Inzucht.

Im Kyffhäuser-Gebirge (Nordthüringen) fanden Archäologen in sogenannten Kulthöhlen rund 13 000 Haustierknochen aus der Bronzezeit. Mit 17 Prozent nahmen Knochen von Hausschweinen nach Schaf/Ziege und Rind die dritte Stelle ein. Diese 90 Schweine, vor allem zu Opferhandlungen benutzt und dann verzehrt, waren zumeist Jungschweine mit einem Alter unter einem Jahr. Aus den Knochen errechnet, wogen sie durchschnittlich 30 kg, die wenigen erwachsenen Schweine mit einem Alter über 2,5 Jahre um 85 kg.

Das Schwein genoß bei den Kelten und Germanen große Wertschätzung als Haustier und Nahrungsquelle, auch im Mythos und Glauben, hier vor allem der Eber. Aus der keltischen städtischen Siedlung Manching (Bayern) ermittelte man an rund 400 000 Knochen aus den damaligen Speiseabfällen, daß Hausschweine mit einem Anteil von 30 % zahlenmäßig an zweiter Stelle unter den Haustieren standen. Die Kelten hatten unter annähernd 400 Göttern auch einen Schweinegott namens Moccus. Auf keltischen Münzen kommen Eber bzw. Keiler ebenfalls als Motiv vor, männliche Kraft symbolisierend. Angehörigen des Adels hat man ganze Schweine oder Teile davon mit ins Grab gelegt. Keltische und germanische Schweinestatuetten und -anhänger sind in nicht

Abb. 38. Germanische Eberfibel aus Bronze, ca. 4,5 cm lang. Unten: Original, oben: Nachbildung. Landesmuseum für Vorgeschichte, Dresden.

Abb. 39. Germanischer Krieger mit Eberhelm (Prägeplatte eines Vendelhelmes), 7. Jahrhundert v. u. Z. Aus: Brentjes, B.: Der Tierstil in Eurasien. VEB Seemann Verlag, Leipzig 1982.

geringer Zahl bekannt. Der römische Geschichtsschreiber Tacitus (um 55 bis nach 115 u. Z.) erwähnt in seiner „Germania" Eberfiguren, welche die am Nordmeer wohnenden Germanen ihrer Göttermutter widmeten. An ihrer Kleidung trugen Germanen oft Fibeln mit Schweinedarstellungen. Solche Eberfibeln fand man auch in Frauengräbern, wohl als Sinnbilder für Glück und Fruchtbarkeit (Abb. 38). Einen sogenannten Eberhelm eines germanischen Kriegers zeigt

Abb. 40. Germanisches Gefäß in Form eines Schweines aus dem 2. Jahrhundert v. u. Z., gefunden im 19. Jahrhundert bei Greußen (Thüringen); Keramik, 19 cm hoch. Friedrich-Schiller-Universität Jena, Bereich Ur- und Frühgeschichte.

Abb. 39. Bei Ausgrabungen stieß man auch auf Gefäße in Form eines Schweines (Abb. 40).

Schweine galten als Symbol für Ernte- und Kindersegen, weiter für wiederkehrendes Naturleben, wie schon bei den Römern. Nach Tacitus galten den Germanen Viehherden überhaupt als am meisten geschätzter und begehrenswerter Besitz, als Ausdruck des Reichtums. Eine Geldwirtschaft gab es bei den Germanen nicht.

Dem germanischen Gott der Fruchtbarkeit Freyr war der Eber „Gullinbursti“ heilig, „der mit den goldenen Borsten“, auf dem er auch durch den Himmel ritt. Seiner Frau und Schwester Freya galt die Syr (Sau) als heilig. Nach der Edda-

Abb. 41. Schlaraffenland: lebendes Schwein mit einem Messer im Rücken zum Selbstbedienen mit Fleisch, das immer wieder nachwächst. Ausschnitt aus dem gleichnamigen Gemälde von Pieter Bruegel dem Älteren (1567). Aus: Dohmann, A.: Pieter Bruegel d. Ä. Henschelverlag, Berlin 1965.

Sage besaßen die Asen, die nordischen Götter, in Walhalla einen Borg bzw. Eber namens „Särimni" oder „Sachrimmer", von dem jeden Tag Gebratenes verzehrt wurde und der abends wieder unversehrt war:

„Nie sind in Walhall so viele Männer zu Gaste, daß der Speck dieses Borgs ausgehen kann. Täglich werden Stücke dieses Schweines gegessen, die sich bis zum Abend wieder regenerieren."

Das erinnert sehr an das Märchen vom Schlaraffenland, wo ebenfalls ein Schwein vorkommt, bei dem man sich ständig mit einem Messer Fleisch aus dem Rücken schneiden kann. Pieter Bruegel der Ältere (um 1525–1569) hat uns dazu ein derb-humoristisches, koloristisch meisterhaftes Werk hinterlassen (Abb. 41).

Als in Skandinavien das Christentum eingeführt wurde, ging der germanische Schweinemythos mit in die neue Religion ein. Beim Bau der ersten Kirchen grub man unter den Fundamenten ein lebendes Schwein ein als Beschützer gegen Trolle und andere Geister, die als Feinde des neuen Glaubens galten. Als Geist sei das Schwein dann nachts oft wiedergekehrt, Friedhöfe besuchend, wenn jemand starb, oder an Gewässern sich zeigend, wo früher den Göttern geopfert worden war.

Hauptsächlichste Haltungsweise war das herdenweise Weiden in den umfangreichen Wäldern. Sicher sind hierbei Rückkreuzungen mit Wildschweinen vorgekommen. Stallhaltung gab es bei Kelten und Germanen wohl nicht, eventuell nur Erdgruben als vorübergehendes Winterquartier.

Im germanischen Binnenland nahmen die Schweine einen zahlenmäßigen Anteil von etwa 35 % unter den Haustieren ein (Rinder 30 %). In Küstengebieten überwog dagegen das Rind deutlich. Je Familie kann man einen Schweinebestand von 4 bis 50 Tieren ansetzen. Bei den Germanen des 1. und 2. Jahrhunderts u. Z. hatten diese Vierbeiner nach zwei Lebensjahren eine Körpermasse von etwa 40 bis 60 kg erreicht (heute sind es ungefähr 110 kg in 7 Monaten). Daraus ergab sich eine Schlachtausbeute von 28 bis 48 kg. Schweine von 60 kg bezeichnete man noch im Mittelalter als fett (feist). Da Futterversorgung und Unterbringung im Winter problematisch waren, das galt bis ins 19. Jahrhundert hinein, wurden die Schweine in größerer Zahl im Herbst und Frühwinter geschlachtet. Hierbei ließ sich auch das Fleisch länger aufbewahren.

Mittelalter

Aus Bestimmungen über die Waldweidenutzung geht hervor, daß die Bedeutung der Schweine im Mittelalter unvermindert war. Kaiser Karl der Große (742–814) erließ Verfügungen zur Schweinehaltung auf den königlichen Gütern. Nach seinem „Breviarium" sollten dort 40 Schweine und 50 Ferkel gehalten werden. Er empfahl unter anderem, zum Blutauffrischen die Sauen ab und zu von Keilern beschlagen zu lassen. In einzelnen Verzeichnissen der Königshöfe sind Zahlen der dort gehaltenen Schweine angegeben.

Gustav Freytag schrieb über diese Zeit („Bilder aus der deutschen Vergangenheit", 1859–1865):

„Immer noch gab die Viehzucht dem Landwirt die besten Erträge. Obenan stand die Schweinezucht. Der Sauhirt mit einem Knaben war der wildeste Genosse des Hofes, denn er hauste unter seiner Herde, die er durch Hund und Horn bändigte, während langer Sommerzeit im Eichen- und Buchenwald; ... und er und sein Hund hatten harte Kämpfe mit den Wölfen zu bestehen."

Im Mittelalter bewertete man einen Wald oft weniger nach Eignung und Wert zur Holzgewinnung, sondern danach, wie viele Schweine darin Futter – Eicheln vor allem – finden konnten.

Der Normannenherzog Wilhelm der Eroberer teilte bei der gewaltsamen Inbesitznahme Englands ab dem Jahre 1066 die Ländereien für seine Vasallen danach ein, wie viele

Schweine sich in den dortigen Wäldern weiden ließen. Wie beschrieben, hat man in damaliger Zeit den in die Wälder getriebenen Schweinen bzw. dem Leitschwein Schellen (Glöckchen) umgebunden. Damit sollte die Herde beisammengehalten und leichter wiedergefunden werden.

Das hervorragende akustische Reaktions- und Lernvermögen der Schweine wurde ferner dergestalt genutzt, daß seit der Zeit des Römischen Reiches der Schweinehirt der Herde voranging, wobei er das Blasen auf einem Horn als akustisches Signal verwendete. Beim morgendlichen Austrieb liefen die Schweine in den Gemeinden auf solch Hornsignal hin aus den Gehöften von allein zum Schweinehüter. Bei den Ägyptern und Griechen hatten die Hirten die Schweine vor sich her getrieben.

Walter Scott beschrieb in seinem bekannten Roman „Ivanhoe" (1819), der um das Jahr 1200 spielt, den leibeigenen Schweinehirt und seine Herde so: „Gurth hatte geräuschvoll sein Horn geblasen, um die zerstreute Schweineherde zu sammeln, die zwar seinen Ruf mit ebenso melodischen Tönen beantwortete, jedoch keine Eile zeigte, sich von der üppigen Mast an Bucheckern und Eicheln zu entfernen oder die sumpfigen Ufer des Baches aufzugeben, an denen einige, halb im Schlamm vergraben, behaglich ausgestreckt lagen und nicht im geringsten der Stimme ihres Hüters achteten." Dann versuchte sein zottiger, wolfsähnlicher Hund, die Herde zusammenzutreiben (Übersetzung von Christine Hoeppner, Verlag Neues Leben, Berlin 1965).

Die sogenannte Lex Salica, ein Mitte des 8. Jahrhunderts entstandener Gesetzestext (inhaltlich wahrscheinlich schon aus dem 6. Jahrhundert stammend) und unter Karl dem Großen um 802 übersetzt, legte unter anderem in neun Punkten die finanziellen Strafen beim Diebstahl von Schweinen fest.

Aus der Lex Salica (Salfränkisches Gesetz):

Fon diubiu suino ... (lateinisch: de furtis porcorum)
Vom Schweinediebstahl

1. Wenn irgend jemand ein saugendes Ferkel aus dem ersten oder aus dem

mittelſten Gehege ſtiehlt und deſſen überführt wird, zahle er drei Schillinge*) außer dem Werterſatz und dem Weigerungsgeld.
2. Wenn es aber in dem dritten Gehege geſtohlen wird ...
3. Wenn irgend jemand ein Ferkel aus dem Schweineſtall ſtiehlt, der verſchloſſen iſt, zahle er 45 Schillinge außer dem Werterſatz und dem Weigerungsgeld.
4. Wenn irgend jemand ein Ferkel auf dem Felde ... ſtiehlt ...
5. Wenn irgend jemand ein Ferkel ſtiehlt, das ohne die Mutter leben kann ...
6. Wenn irgend jemand eine Sau ...
7. Wenn irgend jemand eine Sau mit Ferkel ſtiehlt, zahle er 17 Schillinge außer dem Werterſatz und dem Weigerungsgeld.
8. Wenn irgend jemand ein einjähriges Ferkel ſtiehlt**), zahle er 17 Schillinge ...
9. Wenn irgend jemand ein zweijähriges Schwein ſtiehlt, zahle er 15 Schillinge ...

(nach Mettke, 1982)

Die Abtei Corvey erhielt Mitte des 11. Jahrhunderts als Abgaben jährlich über 1100 Schweine (Schweinezins). Dafür durften die untertänigen Bauern ihre Schweine auch in den Klosterwaldungen hüten. Das Kloster Prüm in der Eifel zwang im 12. und 13. Jahrhundert jeden seiner untergebenen Bauern, bei ungünstiger „Ecker", also bei ungünstigem Eicheln- und Bucheckernanfall, ab Martini (11. November) als Dienstleistung für die Klosterküche drei Schweine zur Mästung in seinem Stall aufzunehmen. Dieses Kloster besaß neben 43 Gütern und anderem auch 8140 Waldmastungen, also Waldungen zur Ernährung und Mast von über 8000 Schweinen. Das „glandaticum", die Eichelmast, und das „faginum", die Buchenmast, waren im Mittelalter oft urkundlich ge-

*) 1 Schilling: $\frac{1}{20}$ Karolingisches Pfund Silber = 18,4 Gramm Silber = 12 Silberdenare zu je 1,53 g.

**) Im Original: „So hwer so farah iarigaz forstilit, ..."

Abb. 42. Bauer schlägt Eicheln von Bäumen als Schweinefutter ab. Aus einem mittelfranzösischen Kalendarium (15. Jahrhundert). Aus: Epperlein, S.: Der Bauer im Bild des Mittelalters. Urania-Verlag, Leipzig-Jena-Berlin 1975.

nannte Rechte („Schweinerecht"). Einen thematischen Beleg dafür stellt die Abb. 42 dar.

Im Hochmittelalter hielten in vielen Städten die Bürger ebenfalls Schweine, dabei die Abfälle aus Haus und Garten, Müllerei und Brennerei nutzend, aber auch die noch reichlich vorhandenen Laubwälder. Die Schweinebuchten (Koben) an den Häusern und die Exkremente trugen sicher nicht zu einem sauberen, hygienischen Zustand der engbebauten Städte bei. Oft liefen Schweine frei auf den zumeist noch unbefestigten Straßen umher.

Im Jahre 1410 hatte schon die Stadt Ulm wegen Überhandnahme der Schweinehaltung festgelegt, daß jeder Bürger höchstens 24 Schweine halten und nur mittags innerhalb einer Stunde die Straßen zum Schweinetreiben benutzen durfte. In Frankfurt/Main hielt man um 1500 angeblich noch rund 1200 Schweine. Für die Nürnberger gebot im 15. Jahrhundert eine Ordnung, „dass nun fürbass weder burger, burgerin oder ymandts von iren wegen einich swein, das sie ziehen, für die hewser und hofreyt*) oder sust auff die gemein**) und pflaster weder tag noch nachts treiben oder davor in den steigen halten sollen, auch den zurch***) und harn, so dieselben swein in den hewsern machen, in einich weise für ihre hewser oder sust auff das pflaster und gemeinde schütten lassen sollen."

Der Rat der Stadt Halle verbot beispielsweise im Jahre 1468 in einer Hygieneverordnung das Halten von Schweinen in der Stadt. Sicher taten das auch noch andere Städte mit zunehmender Größe gegen Ende des Mittelalters zwecks Verbesserung der Kommunalhygiene und Seuchenprophylaxe. Für die Residenzstadt Berlin-Cölln soll erst der Große Kurfürst (Friedrich Wilhelm, 1640–1688) das Umherlaufen von Schweinen in den Straßen und die Schweinemast innerhalb der Stadt verboten haben. Einmal soll ihm bei einem Ritt durch die Stadt ein Schwein zwischen die Beine seines Pferdes geraten sein und ihn beinahe zu Fall gebracht haben.****) Ein ander Mal habe eine Schweineherde im Jahre 1681 die Karosse seiner Gemahlin am Weiterfahren gehindert. Zwei Jahrhunderte später (1893) fand die Polizei im Zentrum Berlins in einem Mietshaus-Neubau gehaltene Schweine, nachdem sich Mieter über das Grunzen und Quieken beschwert hatten. Und in der Zeit der beiden Weltkriege dieses Jahrhunderts gab es manche „Keller- und Balkonschweine" in Großstädten.

Über Schweine des Spätmittelalters geben Gemälde und Zeichnungen von Renaissance-Künstlern Auskunft, so von

---

*) Hofland **) städtischer Grund und Boden ***) Kot

****) Im Jahre 1131 war auf solche Weise ein französischer Prinz ums Leben gekommen.

Abb. 43. Deutscher Bauernhof aus der 1. Hälfte des 16. Jahrhunderts. Ausschnitt aus einem Holzschnitt des Petrarca-Meisters (Augsburg, um 1532). Aus: Epperlein, S.: Der Bauer im Bild des Mittelalters. Urania-Verlag, Leipzig-Jena-Berlin 1975.

Abb. 44. „Der verlorene Sohn". Kupferstich von Albrecht Dürer (1471–1528) aus der Zeit um 1496. Aus: Mittelstädt, K.: Albrecht Dürer. Henschelverlag, Berlin 1977.

▶

Abb. 46. Mißgebildetes Schwein mit acht Beinen. Kupferstich von Albrecht Dürer. Aus: Albrecht Dürer. Kupferstiche. Insel-Bücherei, Leipzig 1971.

Abb. 45. Wildschwein. Zeichnung von Lucas Cranach d. Ä. (1472–1553), um 1530. Aus: Schade, W.: Die Malerfamilie Cranach. VEB Verlag der Kunst, Dresden 1974.

Abb. 47. Schweinegruppe. Kupferstich von Martin Schongauer (zwischen 1435 und 1440 bis 1491). Aus: Abel, W.: Geschichte der deutschen Landwirtschaft. Verlag Eugen Ulmer, Stuttgart 1967.

Albrecht Dürer, Lucas Cranach, dem Petrarca-Meister und Hieronymus Bosch (Abb. 43–50). Die Arbeiten von Dürer und dem Petrarca-Meister geben neben ihrem hohen künstlerischen Eigenwert zugleich eine lebensvolle Darstellung eines süddeutschen Bauernhofes am Ausgang des Mittelalters. Dabei spiegelt das Äußere der Schweine die nach wie vor extensive Haltung und die Spätreife der Tiere wider, Wildschweinen nicht unähnlich. Die von Dürer wiedergegebene Schweinemißgeburt soll tatsächlich 1546 in einem elsässischen Dorf vorgekommen sein.

Als Geschichts- und Kunstzeugnisse eigener Art mit verschlüsselter und häufig schwierig zu deutender Aussage gelten die Gemälde von Hieronymus Bosch (um 1450–1516). Auch da, wo dieser oft rätselhafte Niederländer Schweine malt, ist deren Symbolik nicht immer geklärt. Das Schwein

Abb. 48. Sau mit Ferkeln, als „Böse Sieben" gedeutet. Ausschnitt aus dem Gemälde „Der verlorene Sohn" von Hieronymus Bosch (um 1510). Aus: Fraenger, W.: Hieronymus Bosch. VEB Verlag der Kunst, Dresden 1975.

Abb. 49. Durch eine Sau verkörperte Äbtissin, als Erbschleicherin gedeutet. Ausschnitt aus dem Gemälde „Das tausendjährige Reich" von Hieronymus Bosch (um 1510). Aus: Fraenger, W.: Hieronymus Bosch. VEB Verlag der Kunst, Dresden 1975.

Abb. 50. Der heilige Antonius und sein Schwein (mit Glöckchen im Ohr). Ausschnitt aus dem Gemälde „Die Versuchung des heiligen Antonius" von Hieronymus Bosch (um 1500). Aus: Fraenger, W.: Hieronymus Bosch. VEB Verlag der Kunst, Dresden 1975.

fand im Mittelalter auch Eingang in die Plastik sakraler Räume, wie Abb. 51 belegt. In der Ikonographie der christlichen Tugenden und Laster waren oft die Unkeuschheit (Luxuria) und die Unmäßigkeit (Gula) mit der Darstellung eines Schweines verknüpft. Als Symboltier für die allegorische Per-

Abb. 51. Schweinereiterin. Schnitzerei am Chorgestühl des Domes von Stendal (15. Jahrhundert). Aus: Schwarz, E., und Mahler, U.: Damit verdien' ich mir mein Paradies. Verlag der Nation, Berlin 1986.

Abb. 52. Großohriges keltisch-germanisches Schwein (Sau). Aus: Dettweiler, F., und Müller, K.: Lehrbuch der Schweinezucht. Paul Parey, Berlin 1924.

Abb. 53. Mittelohriges keltisch-germanisches Schwein (Sau). Aus: Dettweiler, F., und Müller, K.: Lehrbuch der Schweinezucht. Paul Parey, Berlin 1924.

sonifikation der Erde unter den vier Elementen, welche über die antiken Auffassungen durch die Kirchenväter in die Weltvorstellung des Christentums übernommen wurden, tritt mitunter auch das Schwein auf. Das gegensätzliche Paar von Ekklesia (Neuer Bund) und Synagoge (Alter Bund) bekommt im hohen Mittelalter einen feststehenden Typus, die personifizierte Synagoge reitet auf einem Esel oder Schwein. Nicht wenige Schweinedarstellungen im sakralen Bereich trugen antisemitischen Charakter.

Bisher war man der Auffassung, daß im norddeutschen Raum vorrangig ein größerer, groß- und schlappohriger Schweinetyp bis zum 19. Jahrhundert hin gehalten worden ist (Marschschwein), der auch als Grundlage der späteren Landschweinrasse diente (Abb. 52), bei den Slawen und im mittleren bis südlichen Teil Deutschlands habe dagegen ein etwas kleinerer, klein- und stehohriger Typ im Vordergrund gestanden (Abb. 53), wie ihn auch die vorstehend genannten und andere Künstler zeichneten und malten. Für das frühe Mittelalter zumindest gibt es hierzu auch andere Meinungen: In Süddeutschland und Ungarn seien die Hausschweine größer gewesen als in Norddeutschland.

Alle diese alten Hausschweintypen konnten bis zu 30 km pro Tag laufen, denn sie waren Weidetiere (Waldweide). Unsere heutigen Rassen würden das wohl nicht verkraften, es sei denn, man trainierte sie von klein auf für langes Laufen. Kreislauf- und Bewegungsorgane hätten sicher ihren Nutzen davon, allerdings zulasten der Körpermassezunahmen.

Neuzeit

Das 16. und das 17. Jahrhundert brachten vorerst keine bemerkenswerten Neuerungen, nur daß sich das Eßverhalten etwas änderte, worauf später eingegangen wird.

Im letzten Drittel des 16. Jahrhunderts hat Clement in seinen „Siben Bücher von dem Feldbau und Ackerwerck etc.“

(Straßburg, 1580, aus: Brosch, 1913) zur damaligen Schweinehaltung Nachstehendes kurzgefaßt mitgeteilt:

Man soll auch Schwein auff dem Land halten / dieselbige im Winter für das Hauß zu brauchen / einzusaltzen / und dem gesind zuessen geben: doch muß man sehen / das man dieselbige Sommer und Winter fein einsperre / und jr Stall mit guten Prettern von Eychholtz wohl belegt seie / auff das sie desto trucknet stehen / und der Trugel also gemacht sei / das man jnen das Essen für schütte / und doch keyn Thür aufftthue. Man mag jhnen aber zuessen geben das Spulwasser und Eycheln / und etliche Gartenfrücht und Kräuter / deßgleichen weißgesotten Rüben unter Kleie vermengt / oder on Kleie. Man soll aber wissen / das nicht eyn jedes Schwein zum möſten taugt / denn nach dem sie eyn Natur und eygenschafft haben / also werden sie auch feyster oder magerer. Man erwöhle diejenigen so eyn langen Rucken Russel und Ohren haben / und sehr gefräßig seyen."

Um 1600 hat auch der lutherische Pfarrer Johannes Coler (Köhler) in dem von ihm verfaßten Buch „Oconomiae oder Hausbuch etc." (Wittenberg, 1599) Aufzucht, Haltung, Fütterung und Krankheiten von Schweinen erwähnt.

Mit Blick auf die eigenen Einkünfte griffen Herrscher und Regierende ab und zu in die Schweinehaltung ein. So wies im August 1689 die kurfürstlich-brandenburgische Regierung für den magdeburgischen Landesteil an:

„Nachdem Gott der Allmächtige die Gehöltze des Hertzogthums Magdeburg dieses Jahr mit der Eichel-Mast reichlich gesegnet; Als befehlen wir ... allen Unterthanen und Einwohnern ... hiermit ernstlich, daß sie bey Vermeidung willkürlicher Straffe dieses Jahr alle ihre Fehm-Schweine nicht außer Landes oder in fremde, sondern allein in die Churfürstl. Magdeburgische Ambts-Mast-Gehöltze eintreiben und daselbst die gewöhnlichen Mast-Schreibe-Brenn- und andere Gelder von jedem Schweine ... bezahlen sollen." *)

Ähnliches hatte wenige Tage zuvor der hannoversche Kurfürst für seine braunschweigischen Lande vorgeschrieben.

*) Die Abgabe für die Eichelmast der Schweine hieß früher Schweinpfennig.

Hier war 1728 auch festgelegt worden, daß die Schweine am 15. März aus den Wäldern herauszunehmen sind, um die austreibenden Bäume sowie die Rehe und Hasen zu schützen, die jetzt „Setze-Zeit“ haben. Im Jahre 1710 erließ der preußische König für sein magdeburgisches Gebiet ein Mandat, daß das „Eichelklopffen verboten seyn soll“, d.h. das Abschlagen der Eicheln von den Bäumen mit Knüppeln oder ähnlichem. Für das Beweiden von landwirtschaftlichen Nutzflächen durch Schweine hatte man vielerorts Bestimmungen erlassen, um ein zu starkes Zerwühlen der Felder zu verhindern. Hierzu mußten Schweine beispielsweise „Prüne“ oder einen „Wirhelm“ haben, einen Eisendraht oder ähnliches, durch die Rüsselscheibe gezogen, oder einen „Jocken“ tragen, einen jochähnlichen Holzrahmen. Das Fehlen einer solchen Ausrüstung ahndete man im 18. Jahrhundert auch mit Geldstrafen.

Noch früher war es gebräuchlich, den Weideschweinen Zähne auszubrechen (vor allem die Hauer). In der „Odyssee“ drohte ein Bettler dem unerkannt in zerrissener Kleidung heimgekommenen Odysseus, er werde „ihm alle Zähn’ aus dem Maul schlagen, wie einer Sau, die fremde Saaten verwüstet.“ Und in einem Stadt- und Landrechtsbuch aus dem Jahre 1473 (Rupprecht von Freysing) heißt es: „Ainem per swein (Eber) sol man jährlich dy zennd absłagen. wer des nicht tuet, der sol allenn schadn gelttenn, des es tuet.“

Wissen (und Unwissen) seiner Zeit, der ersten Hälfte des 18. Jahrhunderts, hatte Johann Heinrich Zedler in seinem umfangreichen, 1732–1754 erschienenen Werk: „Großes vollständiges Universal-Lexikon aller Wissenschaften und Künste“ zusammengetragen. Im Band 35 aus dem Jahre 1743 füllt der Abschnitt über Schweine zehn große Druckseiten. Hieraus einiges Interessantes:

„Schwein ... ist ein vierfüßiges, häßliches und unfläthiges Thier. Die zahmen Schweine sind bey einer Haushaltung nützliche Thiere, so wohl wegen ihrer Fruchtbarkeit als auch, weil sie von drey Wochen ihres Alters an alle Monath und Jahre können geschlachtet und verspeiset werden, da, was der Grösse und Fettigkeit abgehet, durch die Güte des Fleisches ersetzt wird. Ein Schwein von guter Art soll lange Seiten, kurtze Füße und grosse Ohren haben. An der Farbe ist nicht viel gelegen, wiewohl man die schwartzen ... für dauerhafter und von derberem Fleische hält, die weißen sollen zärter seyn und die rothen leicht finnig werden." Letzteres ist eine heute sicher zu belächelnde Hypothese.

Weiter schreibt Zedler:

Sauen können bis zu 18 Ferkel bringen. Man läßt ihnen aber höchstens sieben (wie schon im alten Rom empfohlen), die anderen können ab der dritten Woche geschlachtet werden. Wer nicht aufpaßt und eine Sau im Winter ferkeln läßt, büßt fast den ganzen Wurf ein. Die Kälte ist den Ferkeln „höchst schädlich", weil sie davon „verbutten". Es wird auf gute Einstreu verwiesen. Ähnlich wie bei Columella führt Zedler die Aufgaben der „Schweinemeister" auf den Gütern auf.

Hauptsächliche Ernährungsweise der Schweine sind nach wie vor die Weidehaltung im Sommerhalbjahr und die Verfütterung von „Spülicht" und „Gesott", d.h. von Abfällen aus Küche und Garten (mit heißem Wasser abgebrüht), Treber, Kleie und anderem. Getreide hatte man für das Schwein als Allesfresser und Nahrungskonkurrent des Menschen nur selten zur Verfügung. Dem Futter soll man Schwefel oder Spießglanz (Antimontrisulfid) als Wachstumsförderer zugeben. Heutzutage werden erprobte Wachstumspromotoren, wie z.B. Futterantibiotika, eingesetzt. Die Anwendung derartiger leistungsfördernder Substanzen (Ergotropika) muß jedoch gewissenhaft geprüft und überwacht werden.

Die Mastschweine wurden bei der üblichen extensiven Haltung noch mehrere Jahre alt und sicher manches Winterhalbjahr „durchgehungert". Je nach Bedarf und Möglichkeiten mästete man dann einen Teil der Schweine vor dem Schlachten einige Wochen lang intensiver, beispielsweise mit Eicheln, Gersten-, Erbsen- oder Bohnenschrot.

Die Mästung begann nach einer anderen Quelle mit dem Bartholomäustag (24. August) und dauerte etwa 18 Wochen. Man unterschied damals zwischen der Obermast, das waren von den Schweinen von der Bodenoberfläche aufgenommene Eicheln, Bucheckern, Haselnüsse, Wildobst und dergleichen, und der Untermast, also beim Wühlen im Erdreich aufgenommene Pilze, Wurzeln, Knollen, Würmer, Schnekken und Insektenlarven. In Frankreich währte die Eichelmast vom Michaelistag (29. 9.) bis zum Andreastag (30. 11.). Bis zu dieser Endmastperiode im Spätsommer und Herbst ernährten sich die noch nicht ausgewachsenen Schweine schlecht und recht, sie mußten sich ihr Futter auf Weide und Auslauf „erlaufen" und erwühlen. Hiervon rührt der bis in die Gegenwart gebräuchliche Begriff Läufer her, jetzt nennen wir sie präziser Jungschweine (Schweine vom Absetzen von der Muttersau bis zum Ende des vierten Lebensmonats).

Das 17. und das 18. Jahrhundert haben eigenartigerweise eine Verringerung der Schweinebestände insgesamt und des Fleischverbrauches im deutschen Raum gebracht, auch als Periode der Depekovation bezeichnet. Verwüstungen während des 30jährigen Krieges, Seuchen bei Tieren und Menschen waren nur ein Teil der Ursachen. Für die Schweinehaltung spielte die Abnahme der verfügbaren Waldweideflächen wohl die größte Rolle. Mehrere Gründe führten zu zunehmender Waldrodung, so die flächenmäßige Erweiterung der Feldwirtschaft. Die jahrhundertelange Beweidung durch Schweine und Wiederkäuer hatte auch die Waldstruktur negativ beeinflußt. Andererseits stellten die Feldbauerträge noch keinen ausreichenden Ersatz an Futtermitteln.

Gegen Ende des 18. Jahrhunderts und zu Beginn des 19. Jahrhunderts entwickelte sich die herdenweise Freiland- und Weidehaltung von Schweinen sogar zunehmend zum Hindernis für die Intensivierung der Feld- und Grünlandwirtschaft. Ein Autor bezeichnete damals Schweine als „die größte Plage der fleißigen Landwirte", sie verdürben Saaten, Wiesen, Weiden.

Deutliche Antipathie gegen Schweine strahlt die Beschreibung des Dänen Abildgaard aus dem Jahre 1771 aus:

„... Unter allen vierfüßigen Thieren, die von den Menschen aufgefüttert werden, ist das Schwein am meisten viehisch, man mag entweder die Lüste, Neigungen und Fräßigkeit oder die äussere Gestalt desselben betrachten. Es frißt sogar seine eigenen Ferkel, und hat fast weder Geschmack noch Gefühl. Es belustiget sich an Kothe und Unflate; begierig suchet es die unreinlichste und ekelhafteste Nahrung, und es ist grimmig, wenn es sich mit der Sau paaren will."

Ganz anders sah dagegen Gilpin (London, 1808, aus: ten Cate, 1972) das Schwein, allerdings noch im Hinblick auf eine ausreichende Waldweide:

„Wenn das Schwein aber richtig behandelt wird, ist es ein anständiges, gefügiges Tier. Kann man dem Schwein die Absicht verständlich machen, kann man es leicht lenken. Schweine verfügen über mehr Ausdrucksformen als alle anderen Vierfüßler. Sie zeigen ihre Nahrungsbedürfnisse mit großer Energie; wenn sie beleidigt werden, kann man das gleich hören: Jammerschreie. Aber hier im Wald sieht man sie vollkommen glücklich."

In der Mark Brandenburg (Kurmark) wurden im Jahre 1779 je 100 Einwohner 29 Schweine und 50 Rinder gezählt, darunter 25 Kühe (Abel, 1967). Daraus ergab sich ein Fleischverbrauch von 28 kg insgesamt pro Kopf und Jahr, mit einem Verzehr von nur 8 kg Schweinefleisch. Für das 16. Jahrhundert und davor nahm man für deutsche Gebiete dagegen einen Jahresverbrauch von 100–125 kg Fleisch je Kopf der Bevölkerung an. Im östlichen Deutschland soll damals ein Bauernhof durchschnittlich 6,2 Schweine besessen haben, in Nordwestdeutschland aber nur 2,6. Bis zum Jahre 1816 war der Schweinebestand in Deutschland auf 3,6 Millionen Tiere gesunken. Sicher haben sich hier die napoleonischen Kriege zusätzlich negativ ausgewirkt.

Es war für die Viehhaltung auch nicht förderlich, wenn sie dazu noch vom Landesherrn begrenzt und besteuert wurde. Im Jahre 1807 hatte beispielsweise der Herzog von Sachsen-

Altenburg für sein Ländchen eine Fleischsteuer eingeführt (vermutlich wie andere Fürsten): Für die Schlachtung eines Mastschweines oder eines sogenannten Winterschweines, d. h. eines Schweines, das einen Winter überstanden hatte, oft schon ein fütterungs- und haltungsmäßiges Problem, mußten 11 Silbergroschen abgeführt werden, für die eines sonstigen Schweines $5\,^1/_2$ Groschen. Im Jahre 1808 erließ er ein „Höchstes Mandat, das Viehhalten betreffend": Nur derjenige, der selbst Acker besitzt oder zur Verfügung hat, darf Rinder, Schweine usw. halten.

In der bildenden Kunst setzte sich allmählich eine das Tier in seiner Natürlichkeit erfassende Darstellung mit Verzicht auf Symbolwert durch. Ein charakteristisches Beispiel bildet die Radierung „Schweine" (Abb. 54) des Maler-Dichters Friedrich Müller (1749–1825).

Mitte des 19. Jahrhunderts begann die erste „Schweinerevolution" der Neuzeit, besser die grundlegende Veränderung von Züchtung, Ernährung und Haltung der Schweine. Sie hing eng mit der Entwicklung der Produktivkräfte und der industriellen Revolution zusammen. Natürlich war das ein Jahrzehnte währender Prozeß.

Über neue Rassen aus England, wo man seit dem 18. Jahrhundert asiatische und südeuropäische Rassen eingeführt hatte, fing man an, an Stelle der bisher spätreifen Landrassen (Abb. 55) frohwüchsige, frühreife und fruchtbare Hausschweinrassen zu züchten. Es entstanden dabei aber auch sehr fettwüchsige Schweinetypen mit stark verkürzter Rüssel-Kiefer-Partie, wie z. B. die kleine, weiße Essex-Rasse (Abb. 56). Letztere Kopfformänderung förderte man sogar; sie sollte die Schweine angeblich am Wühlen und Bodenumbrechen sowie Zerstören ihrer Einfriedungen hindern, was aus heutiger Sicht die Schweine wohl kaum von solchem Tun abgehalten haben dürfte. Durch Einkreuzen eingeführter neuer Rassen und gezielte Selektion kamen schließlich die veredelten Rassen zustande, in Deutschland Ende des 19. Jahrhun-

Abb. 54. Schweine. Radierung von Friedrich Müller (Maler Müller, 1749–1825). Aus: Börsenblatt für den Deutschen Buchhandel, Nr. 9 (1989).

derts vor allem das „Veredelte Landschwein" und das „Deutsche Edelschwein", in den Jahren 1898/1904 dann als Rassen anerkannt.

Davor, im Jahre 1851, hatte ein bis dahin kaum bekannter englischer Züchter namens Tuley, ein Weber aus Yorkshire, auf einer Viehausstellung in Windsor einen neuen, großrahmigen und fruchtbaren Schweinetyp vorgestellt. Dieser fand großen Anklang, er wurde Ausgangspunkt der Yorkshire-Rasse, später als Large White (Abb. 57) bezeichnet. Diese beeinflußte dann in vielen Ländern die Schweinezucht, im deutschen Raum z. B. die des Deutschen Edelschweines. Auf Geschichte und Entwicklung der Schweinerassen soll hier aber nicht weiter eingegangen werden.

Bildung von Züchtervereinigungen, Zuchtprogramme, Leistungsprüfungen und Zuchtveranstaltungen mit Prämiierung

Abb. 55. Schwein vom Landschweintyp aus dem 17. Jahrhundert (Radierung). Aus: Hoesch, F.: Die Schweinezucht. M. und H. Schaper, Hannover 1911.

Abb. 56. Essex-Schwein. Englische Hausschweinrasse aus der Mitte des 19. Jahrhunderts. Aus: Rhode's Schweinezucht. Paul Parey, Berlin 1892.

Abb. 57. Yorkshire-Schwein (Large White). Englische Schweinerasse, erzüchtet um die Mitte des 19. Jahrhunderts. Aus: Dettweiler. F., und Müller, K.: Lehrbuch der Schweinezucht. Paul Parey, Berlin 1924.

der besten Tiere und Züchter, Körung der Zuchteber usw., beispielsweise von der Deutschen Landwirtschaftsgesellschaft (DLG) organisiert, haben dann seit dem letzten Viertel des vorigen Jahrhunderts den züchterischen Fortschritt bewirkt bzw. erheblich unterstützt.

Intensivere und wissenschaftlich begründete Verfahren in der Feldwirtschaft mit höheren Erträgen (verbesserte Dreifelderwirtschaft und Übergang zur Fruchtwechselwirtschaft, Einführung der Mineraldünger, der Kartoffel u. a.) schufen im 19. Jahrhundert Voraussetzungen auch für eine intensive Fütterung und schnellere Mästung der Schweine. Mehr und mehr hielt man diese Tiere nun in Ställen, mehr oder weniger ganzjährig. Die Zahl der gehaltenen Schweine stieg wieder deutlich an: Im Jahre 1860 waren es im damaligen Deutschland rund 6,5 Millionen Stück, 1914 dann schon 25,6 Millionen. Damit wurde eine bessere Versorgung der schnell wachsenden städtischen Bevölkerung mit Fleisch und damals noch erwünschtem Fett (Speck, Schmalz) möglich. In Industrie und Landwirtschaft überwog die schwere körperliche Arbeit, oft mit zehn und mehr Stunden pro Tag. Daraus erwuchs der Bedarf für solche energiereichen, aber – außer in Not- und Krisenjahren – trotzdem relativ preiswerten Nahrungsmittel.

In früheren Jahrhunderten gab es in vielen Orten sogenannte Schweinemärkte. Hier bot man an festgelegten Tagen Ferkel, Zucht-, Mast- und Schlachtschweine sowie oft auch andere landwirtschaftliche Artikel öffentlich zum Verkauf an. In der Kleinstadt Zahna bei Lutherstadt Wittenberg waren es z.B. am 16.9.1819 rund 800 Schweine, die ihren Besitzer wechselten. In Meißen, Zentrum eines bekannten Zuchtgebietes, wurden auf den wöchentlichen Ferkelmärkten z.B. im Jahre 1884 über 20000 Ferkel zur Weitermast verkauft.

Nicht geeignete Stallverhältnisse, Fehler beim Stallneubau („Zementsärge"), Fütterungsfehler (Vitamin-, Mineralstoff- und/oder Eiweißmangel) und anderes zogen neue Krankheitsprozesse bei den Schweinen nach sich: „Zementhusten", chronische „Schweineseuche" (Enzootische Pneumonie), Rachitis, größere Ausfälle bei Tierseuchen usw. Im letzten Viertel des vorigen Jahrhunderts wurde aus den USA die Schweinepest als völlig neue Seuche nach Europa eingeschleppt.

Die beiden Weltkriege in der ersten Hälfte des 20.Jahrhunderts hatten in den Kriegs- und Nachkriegsjahren eine erhebliche Verringerung der Schweinebestände in Deutschland und anderen betroffenen Ländern zur Folge. Im ersten Weltkrieg (1914–1918) kam es in Deutschland infolge des Wegfalls von Importfuttermitteln und völlig falscher Voreinschätzung des Kriegsverlaufes schon zu Beginn des Krieges zu umfangreicher Schlachtung und Dezimierung der Schweinebestände. Fleisch, Fett, Wurst und andere wichtige Nahrungsgüter mußten rationiert werden, man erhielt sie nur auf Lebensmittelkarten. Sogar von Notgeldscheinen lassen sich die Träume von besser gewesenen Zeiten ablesen (Abb. 58). Es kam als Kriegsfolge auch zu inflationären Preissteigerun-

Abb. 58. 25-Pfennig-Notgeldschein der Stadt Eisenberg (Thüringen) von 1921. Schweineauftrieb im letzten Friedensjahr (1913). Beklagt wurde das Kürzerwerden bzw. Ausbleiben der von den Thüringern so geschätzten Rostbratwürste im 1. Weltkrieg (Rückseite).

Abb. 59. 25-Pfennig-Notgeldschein der Stadt Greußen (Thüringen) von 1921.

gen bei Schweinen. Drastisch zeigt ein Notgeldschein von 1921 diesen Wertverfall: Im Jahre 1910 kostete ein Mastschwein 100,– Mark, nach dem 1. Weltkrieg im Jahre 1920 ein kleines Ferkel dagegen 500 Mark (Abb. 59). Die in den Städten lebenden und oft hungerleidenden Menschen suchten über „Hamsterfahrten" aufs Land, über Tausch und illegalen „Schwarzmarkt" zusätzliche Lebensmittel einzuhandeln, soweit es ihnen materiell möglich war. Profitsuchende Händler („Schieber") entzogen vielfach Lebensmittel einer gerechten Verteilung und verschoben sie an andere, genehme Kauf- oder Tauschpartner. In den Dörfern mußte das Schlachten eines Schweines beim Bürgermeister angemeldet und genehmigt werden. Um dies zu umgehen, wurden bei der amtlichen Viehzählung eventuell nicht mit angegebene Tiere oft „schwarz" geschlachtet. Auch dies war strafbar. Wegen unangemeldeten Schlachtens von Schweinen hatten die Faschisten im Jahre 1942 einen Fleischermeister aus Caputh bei Potsdam sogar hingerichtet.

Nach dem zweiten Weltkrieg strebte man überall eine schnelle Steigerung der Nahrungsgütererzeugung an. Ab 1960 begann in den wichtigsten schweinehaltenden Ländern ein neuer Umgestaltungsprozeß, sozusagen eine zweite neuzeitliche „Schweinerevolution". Dazu gehörte zum einen das Herauszüchten eines modernen Fleischschweintyps mit stärkerem Ansatz mageren Fleisches, größeren Kotelettflächen und geringerer Rückenspeckdicke. Dem dienten dann auch spezielle Hybridzuchtprogramme und in der DDR ab 1969 die umfassende Einführung der künstlichen Besamung (Abb. 60), ergänzt durch hormonal-biotechnische Methoden der Fortpflanzungssteuerung (Brunstsynchronisation usw.). Zum anderen gelangte man über Spezialisierung und Konzentrierung der Schweinebestände zu zunehmend mechanisierten bzw. technisierten, „industriemäßigen" Haltungsverfahren mit einstreuloser bzw. einstreuarmer sowie bewegungsarmer Haltung der Schweine (Abb. 61 und 62). Hinzu

Abb. 60. Besamungseberstation. Spermagewinnung am Phantom. Archivfoto: VEB Tierzucht Potsdam.

kam das Verfüttern genormter (standardisierter) Mischfuttermittel, die alle lebens- und leistungsnotwendigen Nährstoffe enthalten und denen sogenannte Wirkstoffe, wie beispielsweise Futterantibiotika, zugefügt sind. Der steigende Fleischverzehr, agrarpolitische Gesichtspunkte und die stark verringerte Zahl verfügbarer Arbeitskräfte in der Landwirtschaft führten zu solchen modernen Produktionsmethoden.

Das Wachstum der Schweine bis zur Schlachtreife entwickelte sich in den letzten 150 Jahren wie folgt:

Vor 1850 wurden rund 50 kg Schlachtmasse in 3 Jahren erreicht, um 1850 80 kg in 2 Jahren, um 1900 100 kg in 11 Monaten und gegenwärtig sind es 110 kg in etwa 7 Monaten.

Abb. 61. Jungschweine vor der Ausstallung aus zweigeschossigen Gruppenaufzuchtbatterien. Archivfoto: VEB Tierzucht Potsdam.

Um 1970 war in der DDR bei Eberswalde (Brandenburg) das erste große Schweinekombinat errichtet worden. Es lieferte jährlich rund 250 000 Schlachtschweine. Danach schuf man auch in anderen Bezirken weitere industriemäßig produzierende Schweineanlagen, beispielsweise mit 1 000 bis 7 000 Sauenplätzen oder 6 000 bis 80 000 Mastplätzen.

In der DDR erzüchtete man neben der Landrasse (früher Veredeltes Landschwein; Abb. 63) und der Edelschweinrasse (Abb. 64) für das Hybridzuchtprogramm zwei neue Rassen: die K250, jetzt Leicoma-Rasse genannt (abgeleitet aus Leipzig, Cottbus und Magdeburg, als den wichtigsten Zuchtzentren hierfür) und die F150, jetzt als Schwerfurter Fleischrasse bezeichnet (abgeleitet aus Schwerin und Erfurt). Dazu nutzten die ausgewählten Zuchtbetriebe auch importierte Zuchtschweine solcher international bekannter Rassen wie Pié-

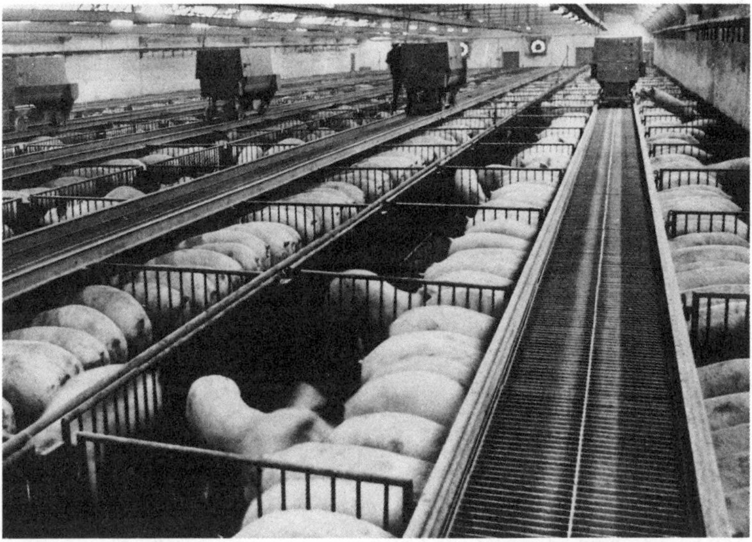

Abb. 62. Innenansicht einer großen Schweinemastanlage. Foto: VEB Schweinezucht und -mast Eberswalde.

train, Belgische Landrasse, Duroc (Abb. 65). Die alten schwarzfarbigen und bunten Rassen, wie Berkshire, Cornwall, Sattelschwein, verschwanden in der DDR in den 60er Jahren. Sie waren zu fettwüchsig. In der Bundesrepublik Deutschland stellen derzeit die Deutsche Landrasse (DL), das Deutsche Edelschwein (DE) und das Piétrain-Schwein die hauptsächlichsten Schweinerassen dar. Einige Züchter halten aber weiter oder wieder alte, bodenständige Rassen, wie das Schwäbisch-Hällische, das bunte Bentheimer und das Angler Sattelschwein. Das neue, moderne Fleischschwein, mit größerer Körperlänge, mehr Schinken, größeren Kotelettflächen, verringerter Rückenspeckdicke und schnellerer Wachstumspotenz zeigte sich bei zumeist bewegungsarmer Haltung lei-

Abb. 63. Besamungseber der Landrasse. Archivfoto: VEB Tierzucht Potsdam.

Abb. 64. Edelschwein-Sau. Archivfoto: VEB Tierzucht Potsdam.

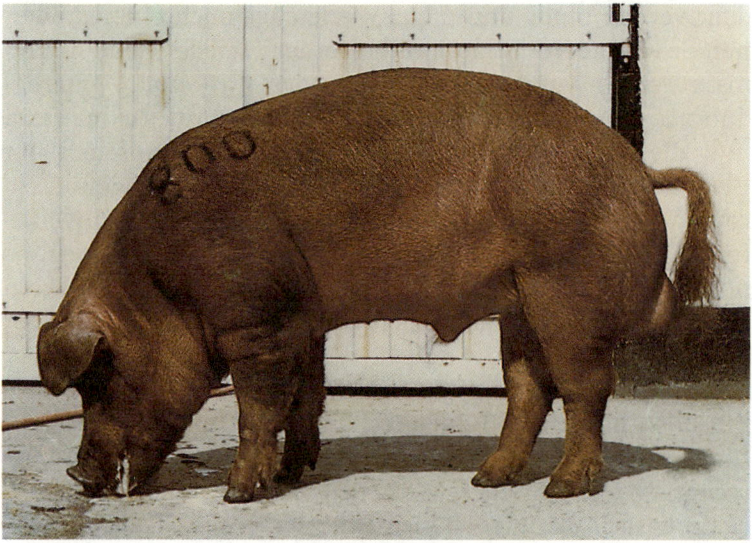

Abb. 65. Duroc-Besamungseber. Archivfoto: VEB Tierzucht Potsdam.

der auch wieder mit neuen Krankheitsproblemen behaftet, so mit Kreislaufanfälligkeit, vermehrten Gliedmaßenerkrankungen und zum Teil Verschlechterung der Fleischqualität (insbesondere PSE-Fleisch*). Neben züchterischer Einflußnahme auf die Beseitigung solcher Mängel (Selektion mit Hilfe des Halothan-Tests u. a.) müssen zukünftig noch mehr die physiologischen und ethologischen Besonderheiten des Schweines Berücksichtigung finden und das Management, die Produktionsorganisation, entsprechend verbessert werden.

Doch die Schweinerevolution ist noch nicht zu Ende. Computer-gesteuerte Züchtungs- und Fütterungsverfahren, Biotechnik/Biotechnologie und andere wissenschaftliche Metho-

*) von engl. pale, soft, exudative = blaß, weich, wasserlässig

den werden mehr und mehr Werkzeuge auch einer modernen Schweineproduktion und erfordern wieder neue Kenntnisse der Anwender. Das Niveau der Aus- und Weiterbildung muß weiter steigen, um den Fortschritt zu meistern und die Leistungspotentiale auszuschöpfen. Zwischen der Uraufführung der Johann-Strauß-Operette „Der Zigeunerbaron“ im Jahre 1885, in welcher der ungarische „Schweinefürst“ Zsupan beteuert: „Ja, das Schreiben und das Lesen, ist noch nie mein Fach gewesen ...“, und der Gegenwart liegen Welten in sozialökonomischer, agrarpolitischer und geistiger Hinsicht.

In der DDR werden jetzt annähernd 90 Prozent der Sauen künstlich besamt und entsprechend biotechnisch vorbereitet (Brunst- und Ovulationssynchronisation und Anwendung weiterer biotechnischer Methoden zur Fortpflanzungssteuerung). Aus Australien berichtete im Jahre 1986 die Presse, daß es in Adelaide Wissenschaftlern gelungen sei, durch Genmanipulation von Wachstumshormonen an befruchteten und transferierten Eiern von Sauen Ferkel zu gewinnen, die um 25 Prozent höhere Körpermassezunahmen aufwiesen. Gleichzeitig stieg die Körpergröße, und der Anteil mageren Fleisches erhöhte sich. Zusätzlich zum gentechnologischen Vorgehen waren noch Ergotropika verabreicht worden. In Maryland (USA) haben Wissenschaftler durch gentechnische Übertragung menschlicher Wachstumsgene fettarme „Riesenschweine“ erzeugt. Diese Tiere zeigten allerdings als Nebenerscheinungen angeblich große Infektionsanfälligkeit, Gicht und schielende Augen. Die Presse, die 1987 hierüber schrieb, bezeichnete sie als „grunzende Forschungsinvaliden“ und wies berechtigt auch auf ethische Probleme hin.

Bei allen Bedenken und noch zu lösenden Problemen scheint es sicher, daß auch durch die Biotechnologie, richtig angewendet, noch höhere Leistungen in der Schweineproduktion zustande kommen können.

Auch in der Neuzeit blieb das Schwein ein variierter Ge-

Abb. 66. Ausschnitt aus dem Gemälde „Tierschicksale“ von Franz Marc (1913). Mit freundlicher Genehmigung des Kunstmuseums der Öffentlichen Kunstsammlung Basel.

genstand künstlerischen Schaffens, und das betrifft bei weitem nicht nur sogenannte „Tiermaler“. Von dem Borstentier scheint eine merkwürdige Anziehungskraft auch für die bildende Kunst auszugehen. Die Ausgangspunkte und Grundpositionen der Künstler unterscheiden sich dabei so gravierend wie die Vielfalt der Farben und Linien. Der Maler Franz Marc (1880–1916), der sich der Welt der Tiere besonders verbunden fühlte, schuf mit dem Bild „Tierschicksale“

Abb. 67. „Komische Sau". Bleistiftzeichnung von Paul Klee (1921). Bildarchiv Felix Klee. Mit freundlicher Genehmigung von Cosmopress, Genève.

aus dem Jahre 1913 (Abb. 66) ein beeindruckendes Dokument des deutschen Expressionismus. In ihm spürt man etwas vom Grauen des nahenden Krieges; das korrespondiert mit dem Satz „Und alles Sein ist flammend Leid", den Marc auf die Rückseite des Bildes schrieb.

In der Zeichnung „Komische Sau" (Abb. 67) des schweizerischen Malers und Grafikers Paul Klee (1879–1940) gehen Naivität, Phantasie und Humor eine köstliche Verbindung ein. Einfach Freude am Nachbar Tier und ein ungebrochenes Verhältnis zum Natürlich-Animalischen strahlt das Bild Theodor Rosenhauers aus, des Altmeisters Dresdner Malerei (Abb. 68). Auch in der Plastik erscheinen immer wieder Schweine als Sujet, zum Teil realistisch-humorvoll (Abb. 69), zum Teil mitfühlend-kritisch (Abb. 70) dargestellt.

Abb. 68. „Ruhende Schweine". Gemälde von Theodor Rosenhauer (geboren 1901), Dresden (um 1950).

Abb. 69. „Wildwechsel", Wildschwein mit Frischlingen, Bronzeplastik von Hans Gerd Ruwe (1986) im Kurpark von Bad Sassendorf (Westfalen).

Abb. 70. „Schweineturm". Plastik von Hildegard Brekenfeld, Dalwitz (Mecklenburg). Gebrannter Ton, 40 cm hoch.

Abergläubisches

Viele mit einem historisch begrenzten Wissensstand nicht erklärbare Naturereignisse, einschließlich lebensbedrohlicher Krankheiten, veranlaßten früher die Menschen zu abergläubischen Einstellungen und Handlungen. Auch das Schwein bezogen sie auf vielfältige Weise in ihre Gedankenwelt ein. Glauben an das Wirken übernatürlicher Kräfte und magische Vorstellungen beeinflußten in vergangenen Jahrhunderten wesentlich die menschlichen Verhaltensweisen, auch im Umgang mit Tieren. Vieles erscheint uns heutzutage kaum verständlich. Oftmals verbergen sich hinter abergläubischen Ansichten und Praktiken aber ganz reale Bezüge, häufig ökonomische Zwänge oder das Bemühen, Unheil abzuwenden bzw. der Wille, konkrete Hilfe zu erbitten.

Schweineopfer

Das Schwein zählt zu den historisch ältesten Opfertieren. Gründe hierfür sind sicher seine Bedeutung als Jagdobjekt und Fleischquelle in der Urgesellschaft sowie seine Gefahr (Wildschwein) für die Getreidefelder des gerade seßhaft gewordenen Menschen. Neben Ernte- und Menschenopfern gehörten Tieropfer bei zahlreichen Völkern zu den religiöskultischen Handlungen. Damit sollten die vermuteten überirdischen Kräfte (Götter usw.) versöhnt und günstig gestimmt werden. Dank- und Schuldgefühle der Opfernden waren dabei gleichermaßen beteiligt. Vielfach waren Priester Leiter und Nutznießer der Opferzeremonien. Von den Opfertieren wurden zumeist nur die unbrauchbaren Teile verbrannt bzw. anderweitig vernichtet, die genießbaren jedoch verzehrt. Vor allem das Blut als vermuteter Sitz der Seele ließ man auf den Altar fließen. Schweineopfer sind bekannt von den alten Ägyptern, Babyloniern und Phönikern, bis etwa zum 8. Jahrhundert v. u. Z. auch von den Juden (vor dem altisraelitischen Propheten Jesaja), ferner von den Griechen und Römern der Antike und den Germanen (z. B. beim Julfest).

Der griechische Geschichtsschreiber Herodot (um 484–425 v. u. Z.) beschreibt das Schweineopfer im Nil-Land:

„Geopfert werden die Schweine der Mondgöttin auf folgende Art: Wenn sie das Tier geschlachtet haben, legen sie die Spitze des Schwanzes, die Milz und das Netz auf einen Haufen und bedecken es mit allem Speck, der am Bauche des Tieres sitzt, und sodann verbrennen sie es im Feuer; das übrige Fleisch aber essen sie an dem Vollmond, da sie das Opfer geschlachtet, an einem anderen Tage aber würde keiner davon essen. Die Armen kneten aus Dürftigkeit Schweine von Teig und backen sie und bringen sie zum Opfer".

Im alten Griechenland und Rom opferte man Schweine beispielsweise der Göttin des Ackerbaues (Demeter bzw. Ceres), zu deren Attributen neben anderem Ähren und Ferkel zählten, weiterhin der Artemis bzw. Diana, der Göttin der Fruchtbarkeit und des Gedeihens des Nutzviehs, später auch der Jagd. Das Opfer für Ceres galt dem Schutze der Feldfrüchte, insbesondere vor Wildschweinschäden. Anscheinend wollte man damit aber auch daran erinnern, daß Schwarzwild ursprünglich mit seinem Wühlen die Bodenfruchtbarkeit und Ernteergebnisse befördert hatte, indem es den Menschen das Pflügen vormachte. Aber auch viele andere Gottheiten, wie z. B. Poseidon (bei Homer) bis hin zu Nymphen und lokalen Haus- und Feldgöttern, erhielten Schweine gespendet. Ein unterlassenes Opfer ist der Ausgangspunkt der Sage vom äckerzerstörenden Kalydonischen Eber.

In der Homer zugeschriebenen „Odyssee" werden Schlachtung, Opferung und Zubereitung dargestellt, als der hochgestellte Sauhirt Eumaios für den hier noch unerkannten Heimkehrer Odysseus ein fünfjähriges, fettes Schwein spendiert.

„Es vergaß der treffliche Sauhirt auch der Unsterblichen nicht,
denn fromm war seine Gesinnung.
Sondern begann das Opfer, und warf in die Flamme das Stirnhaar
vom weißzahnnichten Schwein, und flehte den Himmlischen allen,
daß sie dem weisen Odysseus doch heimzukehren vergönnten;
schwung nun die Eichenkluft, die er beim Spalten zurückwarf,
schlugs, und sein Leben entfloh; die anderen schlachteten, sengten,
und zerstückelten es schnell. Das Fett bedeckte der Sauhirt
mit dem blutigen Fleische, von allen Gliedern geschnitten;
dieses warf er ins Feuer, mit feinem Mehle bestreuet.
Und sie schnitten das übrige klein, und steckten's an Spieße.
Brieten's mit Vorsicht über der Glut, und zogen's herunter,
legten dann alles zusammen auf Küchentische. Der Sauhirt
stellte sich hin, es zu teilen; denn Billigkeit lag ihm am Herzen.
Und in sieben Teile zerlegte er alles Gebratne;
einen legt' er den Nymphen, und Hermes, dem Sohn der Mäa,
betend den andern hin; die übrigen reicht' er den Männern.
Aber Odysseus verehrt' er den unzerschnittenen Rücken."

(Aus der Odyssee, 14. Gesang; in der Übersetzung von Johann Heinrich Voß).

Ferkel dienten als Reinigungsopfer. Man ließ ihr Blut über die Hände von Mördern laufen, die Hände dann mit Wasser reinigen. In der „Orestie" des griechischen Tragödiendichters Aischylos (um 525–456 v. u. Z.) wurde Orestes mit dem Blut eines jungen Schweines vom Muttermord entsühnt.

Die römischen Landwirte haben jeweils vor der Ernte ein Schwein geopfert. Auch wurde an einem bestimmten Frühlingstag (2. April) bei den Römern zu Ehren der Venus und zur Beschwörung der nach dem Winter sich öffnenden Erde ein Eber geopfert (aper = lat. Eber, aperit = öffnet, davon der

Monatsname April). Römische Reliefs zeigen unter anderem ein sogenanntes Dreitieropfer (Suovetaurilium) mit Schwein (Eber), Widder und Stier. Diese Opferzeremonie nahm man zu Beginn oder am Ende eines Kriegszuges für den Kriegsgott Mars sowie nach Beendigung des alle fünf Jahre stattfindenden Zensus, einer Vermögensschätzung der römischen Bürger, vor.

Schweineopfer besiegelten früher nicht selten sogar Bündnisse und Verträge.

Aus dem alten China sind ebenfalls Schweineopfer belegt. Auf manchen pazifischen Inseln galten Schweineopfer stellenweise als einzig zulässiger Ersatz für Menschenopfer.

Schweineorakel

Das Opfern der Schweine war häufig mit einer Eingeweideschau zu Orakelzwecken verbunden. Die etruskischen und altrömischen, einem Priesterkollegium angehörenden Wahrsager (Haruspices) wurden bei außergewöhnlichen Ereignissen von Staats wegen befragt, wobei sie ihre Kunst neben der Deutung der Blitze und ungewöhnlicher Naturereignisse vor allem auf die Eingeweideschau gründeten. Dabei wurde hauptsächlich aus der Leber der Opfertiere „geweissagt". Diese Haruspizien waren aus dem babylonisch-assyrischen Raum in den etruskisch-römischen Kulturkreis gelangt.

Im „Handwörterbuch des deutschen Aberglaubens" (Bächtold-Stäubli, 1927–1931) und in anderen schriftlichen Quellen gibt es eine Fülle von Mitteilungen zum „Orakeltier" Schwein. An dieser Stelle kann nur eine Auswahl gebracht werden.

Im sogenannten Angangglauben galt das Schwein oft als ungünstiges Vorzeichen: Begegnete man bei Antritt einer Reise oder auf dem Wege Schweinen, so sollte dies Unglück, üblen Empfang u. ä. bedeuten. Man empfahl, dann lieber umzukehren oder nichts zu unternehmen. Manchmal galt es nur als unheilverkündend, wenn Schweine von rechts bzw. rechtsseitig gesehen wurden („Schweine rechts, bedeutet Schlecht's“). An anderen Orten sah man den Angang eines Schweines aber als günstig und glückbringend an („ein Sauglück haben“), ebenso das Träumen von Schweinen.

Von bestimmten Verhaltensweisen der Schweine wollte man weiterhin auf Wettererscheinungen schließen. Die Schweinemilz galt mancherorts als Todeszeichen: Wurde sie beim Schlachten umgeklappt gefunden, sollte es in der Familie bald einen Todesfall geben. Anderenorts wieder wurde aus der Dicke des Milzendes auf Länge und Härte des bevorstehenden Winters geschlossen. Mit Gewittersturm und dunklen Wetterwolken wurden früher Sau und Eber abergläubisch in Verbindung gebracht, ebenso mit gespenstischen, spukenden Tiererscheinungen. Die Germanen sahen im Gewitterblitz die scharfen, weißen Hauer des Wolkenkeilers.

Hartherzige, geizige und wuchertreibende Menschen, Kindesmörderinnen u.a. würden in hungrige Schweine verwandelt, so glaubte man im Mittelalter. Auch der Teufel wurde im Mittelalter mancherorts als schwarzes, grunzendes Schwein mit feurigen Augen und glühendem Kopf gesehen, oder das Schwein galt als Reittier des Teufels oder von Hexen, wie z.B. auch in Goethes „Faust“ in der Walpurgisnachtszene erwähnt. Hausschweine nahm man als leicht behexbar und für den „bösen Blick“ empfänglich an. Dadurch würden sie auch leichter erkranken. Kaum zählbar sind die abergläubischen Bräuche, um Schweine diesbezüglich zu schützen. So sollte das Kreuzzeichen an Schweineställen und -buchten die Tiere vor Behexung bewahren.

Als Eheorakel ist früher das sogenannte Schweinestallhorchen benutzt worden. Dazu mußte in der Weihnachtsnacht das neugierige Mädchen an der Stalltür anklopfen. Antwortete grunzend ein großes Schwein, war ein älterer Mann oder ein Witwer als Bräutigam zu erwarten; grunzte oder quiekte ein junges Schwein bzw. Ferkel, war der Zukünftige ein junger Mann. Antwortete kein Schwein, hatte das Mädchen noch ein weiteres Jahr ledig zu bleiben. Woanders konnte man im Schweinestall auch die Anzahl der Jahre erfahren, die noch bis zur Ehe vergehen würden. Wenn man mit dem Fuße gegen die Buchtenwand oder -tür stieß, sollte die Zahl der Schweinegrunzer diejenige der noch zu wartenden Jahre angeben.

Zauberglauben

Mancherlei Zauberkräfte sollten dem Schwein innewohnen. Am Neujahrstag Schweinefleisch oder Schweinerüssel essen, würde Glück und Geld im neuen Jahr bringen. Ein würdiges Schweinefleischessen am Jahreswechsel galt beispielsweise in Dänemark als Versicherung einer guten Ernte im kommenden Jahr.

In der Lausitz stellen die sogenannten Gebildebrote Überbleibsel solchen Zauberglaubens und Opferbrauches dar. Zu Weihnachten buk man aus einfachem Teig oder aus Pfefferkuchenmasse Figuren von Haustieren, darunter natürlich auch Schweine und Ferkel, und brachte sie auf den Gabentisch. Dann gingen sie in den Trog des Viehs. Später stellten die Lausitzer die Gebildebrote erst zum Neujahrstag her und nannten sie „Neujährchen". Sie sollten für das neue Jahr das Gedeihen des Viehs erwirken. Solche Gebildebrote gab es ebenfalls in anderen Gegenden zur Erntezeit oder zu Weihnachten.

Einzelne Knöchelchen vom Schwein, aber auch den Schweineschwanz verwendete man in vielfältiger Weise als glückbringende Zaubermittel. Die Angehörigen einer Reihe von Völkern trugen seit dem Altertum Amulette mit oder aus Schweinen als Fruchtbarkeitssymbole, als Glückbringer oder zum Vertreiben böser Geister. Als Fruchtbarkeitssymbol der sogenannten Eleusinischen Mysterien, die u. a. der Göttin Demeter galten, kam das Schwein zusammen mit einer Ähre auch auf Münzen der altgriechischen Stadt Eleusis bei Athen vor (s. Abb. 30). Im antiken Rom wiederum strich eine gerade verheiratete Frau beim Eintritt in ihr neues Heim Schweineschmalz an die Türpfosten; dies sollte ihr die Leibesfrucht erhalten.

In China zeigte Schweinefleischessen an, Geschlechtsverkehr zu haben. Eisbeinessen durch Mädchen bzw. Frauen würde andeuten, daß sie schwanger seien. Mit diesem Gericht könnten sie dann auch das Baby besser nähren. Das Schwein symbolisiert hier weiterhin männliche Stärke und Prüfungsglück.

Schweinehirten betätigten sich einst vielfach als Zauberer und Wahrsager. So mußte an manchen Orten der Hirt beim ersten Austrieb der Schweine die Herde nackt umspringen, um von ihr Schaden fernzuhalten.

Erntebräuche

Aus den engen Beziehungen zwischen Schwein (zunächst Wildschwein) und Ackerbau sind in früheren Zeiten auch einzelne abergläubische Erntebräuche im mitteleuropäischen Raum entstanden. Schwein bzw. Eber sah man in einigen Gegenden als Vegetationsgeist des Getreides an. Wenn das wachsende Getreide im Winde wogt, „laufen die Schweine durchs Korn“, so eine alte Redensart. Beim Ernten, so glaubte man, zog sich dieser Geist in die letzte Garbe zurück. Von dieser ging er auf den letzten Mäher und die letzte Person beim Dreschen über. Früher mähte man bekanntlich Getreide mit Sensen und band es zu Garben. Eine solche letzte Garbe und solch letzter Mäher oder Drescher bekamen Namen wie Sau, Kornsau, Eber, Ber u. ä. War die letzte Person eine Frau, so banden ihr die Mäher oder Drescher mancherorts eine schweineähnliche Strohfigur um, die sie dann zu einem noch dreschenden Nachbarn bringen mußte. So wurden die letzten Garben und Arbeitskräfte beim Ernten als Träger des Vegetations- und Fruchtbarkeitsgeistes auch zum Glücksymbol. Die Ernte war glücklich eingebracht, und somit erschienen Ernährung der Menschen und Gedeihen des Viehes im Winterhalbjahr als gesichert, ebenso das erwartete finanzielle Einkommen.

Schweineheilige

Im Zuge der Ausbreitung des Christentums etablierte sich in diesen Regionen eine zunehmende Heiligenverehrung. Für die unterschiedlichsten Gegebenheiten standen „Schutzpatrone" zur Verfügung. In Ländern und Gebieten mit christlich-katholischer Bevölkerung sind derartige Traditionen bis in die Gegenwart lebendig geblieben. Bei der lange Zeit existentiellen Bedeutung der landwirtschaftlichen Nutztiere nimmt es nicht wunder, daß schließlich auch das Vieh seine Patrone erhielt. Beim Schwein ist es hauptsächlich der heilige Antonius (auch Antonius der Große genannt), der zu seinem Beschützer avancierte. Nach der legendären Vita soll Antonius der Große um 250 u. Z. als Sohn wohlhabender christlicher Eltern in Mittelägypten geboren worden sein. Mit zwanzig Jahren soll er sich als Eremit in eine Ruine am Nil und dann in die Wüste zurückgezogen haben. Seine asketische Lebensweise wurde später Vorbild für Tausende, so daß er auch als „Vater des Mönchtums" gilt. Er starb angeblich im Jahre 356 u. Z.; sein Namenstag ist der 17. Januar. Durch den Orden der Antoniter, der 1095 in Frankreich gegründet wurde und sich vorrangig der Krankenpflege widmete, wurde der heilige Antonius in erster Linie bei Krankheiten angerufen. Das traf auch für Erkrankungen der Haustiere zu;

das Schwein ist neben dem T-förmigen Kreuz (Antoniuskreuz), dem Weihwedel, einem Glöckchen, einem Teufel zu Füßen sowie Rosenkranz und Löwe ein häufiges Attribut des Heiligen. Den Antonitern als Armenpflegern war es im Mittelalter erlaubt, Schweine frei weiden zu lassen. Die tiefe Verwurzelung dieser Gestalt im Volk spricht auch aus den landschaftlich-mundartlichen Varianten seines Namens, die in vergangenen Jahrhunderten geläufig waren. So hieß der heilige Antonius in Tirol Fackentoni, in der Schweiz Säu-Toni, in Westfalen Swienetüns und in Estland Tônn. Antonius galt außerdem als Patron der Metzger und wurde zwecks Verhütung von Feuersbrünsten verehrt. Mit seinem Namen verbinden sich mehrere Begriffe. Unter Antoniusfeuer oder ignis sacer (heiliges Feuer) verstand man eine im Mittelalter zeitweise in ganz Europa vorkommende epidemische Krankheit, die durch das Gebet zum heiligen Antonius geheilt worden sein soll und bei der es sich wahrscheinlich um die gangränöse Form der Mutterkornvergiftung (Ergotismus) handelte. Doch auch andere von Hautrötungen begleitete Krankheitsbilder wie Karbunkel, Pestbeulen, Gesichtsrose und Scharlach dürften sich dahinter verborgen haben. Jene Bezeichnung erstreckte sich ferner auf akute Formen des Rotlaufs, des Milzbrandes und der Pasteurellose der Schweine, früher auch „Laufendes Feuer" und „Bräune" genannt.

Das „Antoniuskraut" oder Schweinskraut (Waldweidenröschen, Epilobium angustifolium) sollte wie auch die Braunwurz (Saukraut, Scrophularia nodosa) gegen den Schweinerotlauf schützen.

In manchen Gemeinden hielt man früher zu Ehren des heiligen Antonius ein Schwein. Es wurde auf Kosten der Gemeinde gehalten, z. B. in einem kleinen Stall neben der Kirche, oder es lief frei umher. Oft trug es ein Glöckchen. Zum Weihnachtsfest oder Jahreswechsel wurde es geschmückt, dann geschlachtet und in der Kirche geweiht. Das Fleisch er-

Abb. 71. Sankt Antonius mit Schwein. Lindenholz geschnitzt und bemalt, Renaissance, 16. Jahrhundert. Aus: Nagel, K., und Riegraf, G.: Vom Glückschwein zum Sparschwein. Tresor Verlag, Affalterbach 1986.

hielten vielfach die Armen der Gemeinde. Auch am 17. Januar geschlachtete Schweine hießen mancherorts Antoniusschweine. Gute Stücke davon opferte man dem heiligen Antonius an seinem Kirchenaltar. Das Antoniusschwein kann man als Relikt antiker bzw. heidnischer Schweineopfer ansehen.

Im späten Mittelalter ist der heilige Antonius als bärtiger Greis mit seinen typischen Attributen in der bildenden Kunst häufig dargestellt worden, z. B. auf einem Flügel des Isenheimer Altars von Matthias Grünewald. Ein beliebtes Thema der Malerei wurden die Versuchungen des heiligen Antonius. Einen gängigen Typus des Schweineheiligen zeigt die Abb. 71.

In weiten Kreisen bekannt sein dürfte die 1870 entstandenen vergnügliche Bildergeschichte von Wilhelm Busch: „Der heilige Antonius von Padua". Deren Schlußkapitel widmete er dem Schwein und seinem Heiligen, auch wenn sich der Autor hier irrte, denn der Schweine-Antonius ist mit dem heiligen Antonius von Padua (1195–1231) nicht identisch. Wilhelm Busch führte mit seinem unnachahmlichen Humor gleich mehrere Aspekte zusammen: Domestikation des Schweines, Entdecken von Salzquellen durch Schweine, Trüffelsuche, religiöse Tabuisierung des Schweines, moralische Anerkennung des Schweines durch Aufnahme in den Himmel. Im folgenden wird das letzte Kapitel dieser Versgeschichte zitiert.

10. Klausnerleben und Himmelfahrt

Der heilige Antonius – so wird berichtet –
hat endlich ganz auf die Welt verzichtet;
ist tief, tief hinten im Wald gesessen,
hat Tau getrunken und Moos gegessen
und sitzt und sitzt an diesem Ort
und betet, bis er schier verdorrt
und ihm zuletzt das wilde Kraut
aus Nase und Ohren schaut.

Er sprach: „Von hier will ich nicht weichen,
es käm' mir denn ein glaubhaft Zeichen!"
Und siehe da! – Aus Waldes Mitten
ein Wildschwein kommt dahergeschritten,
das wühlet emsig an der Stelle
ein Brünnlein auf, gar rein und helle.
Und wühlt mit Schnauben und mit Schnüffeln
dazu hervor ein Häuflein Trüffeln.

Der heilige Antonius, voll Preis und Dank,
setzte sich nieder, aß und trank
und sprach gerührt: „Du gutes Schwein,
Du sollst nun ewig bei mir sein!"
So lebten die zwei in Einigkeit
hienieden auf Erden noch lange Zeit
und starben endlich und starben zugleich
und fuhren zusammen vors Himmelreich.
„Au weih geschrien! Ein Schwein, ein Schwein!"
So huben die Juden an zu schrein.
Und auch die Türken kamen in Scharen
und wollten sich gegen das Schwein verwahren.

Doch siehe! – Aus des Himmels Tor
tritt unsre liebe Frau hervor.
Den blauen Mantel hält die Linke,
die Rechte sieht man sanft erhoben,
halb drohend, halb zum Gnadenwinke;
so steht sie da, von Glanz umwoben.

„Willkommen! Gehet ein in Frieden!
Hier wird kein Freund vom Freund geschieden.
Es kommt so manches Schaf herein,
warum nicht auch ein braves Schwein!!"
Da grunzt das Schwein, die Englein sangen;
so sind sie beide hineingegangen."

Mancherorts galten auch noch andere Heilige als Schutzpatrone der Schweine und Schweinehirten, wie der heilige Blasius (ein Bischof aus Armenien um 300 u. Z., zu den 14 Nothelfern zählend), der heilige Leonhard (ein fränkischer Edelmann, der nach der Legenda aurea im 6. Jahrhundert am Merowingerhof gelebt haben soll) und der heilige

Wendelin (nach der Legende ein iro-schottischer Königssohn, der 617 in der Nähe von Trier als Klausner gestorben sein soll). Als Schutzpatron des Viehs ist Wendelin in der Blütezeit seines Kultes, d.h. um 1500 und im 18. Jahrhundert, stets in der Tracht eines mittelalterlichen Hirten oder eines barokken Schäfers dargestellt. Zu seinen Füßen sind Haustiere (Schwein, Pferd, Rind, Lamm, Hund) wiedergegeben.

Das Schwein als Symbol

Seit altersher ist die Symbolik des Schweines durch eine ausgeprägte Ambivalenz gekennzeichnet; zwischen Gut und Böse, Lob und Tadel, Verherrlichung und Verachtung schwanken die Wertungen. Die sinnbildlichen Aussagen betonen zum einen die zerstörende Kraft (was eigentlich nur auf das äckerschädigende, ganz selten den Menschen angreifende Wildschwein zutrifft), zum anderen die Unsauberkeit, Freßgier, religiös motivierte Unreinheit oder Lasterhaftigkeit mit den Hauptsünden Völlerei und Unzucht, aber zum dritten – erfreulicherweise auch – Glück und Fruchtbarkeit. Die negative Einstellung vieler Menschen zum Schwein, oft unbewußt, und sein Abstempeln als schmutziges, verabscheuungswürdiges Tier sind aber noch längst nicht überwunden. Belege aus dem Fluch- und Schimpfvokabular gibt es bekanntlich zur Genüge, wie „Drecksau“, „Schweinerei“, „säuisch“, „Schweinigel“, „Ferkelei“, „Schweinehund“, „Saufraß“, „Sauwirtschaft“, „saudumm“ und andere Grobheiten mehr. Auch Redensarten wie „das frißt kein Schwein“, „das ist unter aller Sau“, „das versteht kein Schwein“ demonstrieren die genannte Haltung. Merkwürdigerweise dient das männliche Schwein, der Eber, nicht zu derart negativen Wortschöpfungen. In dem nicht verstandenen, vom Wildschwein herrührenden Verhaltensmuster, wie Bedürfnis zum Suhlen und Wühlen, Fressen von Erde und Kot (Koprophagie) zwecks Aufnahme ernährungsphysiologisch notwendiger Mineralstoffe u. a., liegt letzten Endes der Grund für die Abneigung vieler Menschen gegenüber dem Schwein. Diese Herabwür-

Abb. 72. Sandsteinrelief an der Stadtkirche in Lutherstadt Wittenberg, entstanden um 1304.

digung des Schweines, vor allem im Mittelalter, scheint auch ein Grund dafür zu sein, daß aus früheren Jahrhunderten nur verhältnismäßig wenig Schriftliches überliefert ist. Johannes Coler (Köhler), lutherischer Prediger, bemerkt hierzu (Wittenberg 1627): „Man findet nicht viel Scribenten, die was sonderlich von de Schweinen geschrieben. Denn Sewe sind doch Sew und niemand wil sich gerne mit Sewen besudeln."

Daß mit verbalen Beschimpfungen und bildlichen Darstellungen unter Bezugnahme auf das Schwein sogar Völkerhaß geschürt wurde, zeigen die menschenverachtenden und beschämenden Judendiskriminierungen und -verfolgungen, die bereits aus dem Mittelalter belegt sind und im Holocaust während des deutschen Faschismus ihren schrecklichen Kulminationspunkt fanden. Ein Beispiel für öffentliche und auch kirchlich sanktionierte Verhöhnung jüdischer Bürger im 14. Jahrhundert zeigt das Relief an der Stadtkirche zu Wittenberg (Abb. 72). Ähnliche Darstellungen an Rathäusern und Kirchen kennt man u. a. von Salzburg, Regensburg, Freising, Erfurt und Magdeburg.

Unterschiedlich sind die Meinungen, wie es zum Schwein als Glücksymbol kam. Der Begriff „Schwein haben" bedeutet eigentlich, unerwartetes bzw. unverdientes Glück zu empfangen, daß eine Sache plötzlich viel günstiger ausgeht, als man angenommen oder erwartet hat.*) Die Herkunft dieser Redewendung hängt wahrscheinlich mit volkstümlichen Wettspielen im Mittelalter zusammen. Hierbei erhielt auch der letzte bzw. schlechteste, also verlierende Teilnehmer einen Preis, und zwar oft ein Schwein (Ferkel), begleitet vielfach von spöttischen Glückwünschen.

Bei einem Pferderennen in München im Jahre 1448 bekam der Sieger ein Scharlachtuch, der Zweitplazierte einen Sperber, der dritte eine Armbrust „uund das lest pferdt ain saw", also ein Schwein, als Preis. Ähnlich war auf Schützenfesten früherer Jahrhunderte ein Schwein häufig der letzte Gewinn. Sein Gewinn galt also als Spott, als zweideutige Auszeichnung.

Im „Narrenschiff" (1494) des Straßburger Humanisten Sebastian Brant (1458–1521) heißt es: „Wer schießen wil und fält des rein, der dreit die suw im ermel heim", d. h., wer schießt und dabei reinfällt, trägt das gewonnene Ferkel im Ärmel versteckt nach Hause. Und aus dem Jahre 1639 ein Zitat: „Der die Saw heimführt, der darf vor (= für) Schimpff nicht sorgen".

*) Nach Wanders „Deutschem Sprichwörter-Lexikon": Er hat Schweineglück = neidischer Ausdruck für unverdientes Glück.

Für einen solchen Wettkampfverlierer war das mit Spott gewonnene Schweinchen trotzdem ein unerwartet erworbenes Wertobjekt und somit ein kleiner Glückbringer. Der hieraus entstandene Begriff Glückschwein übertrug sich auf einen solch unverhofft bzw. unverdient mit einem Schwein oder später mit anderen Dingen Beschenkten oder Ausgezeichneten.

Eine andere Hypothese geht davon aus, daß Scholaren, wandernde Studenten im Mittelalter, die zwischendurch einmal in der Landwirtschaft arbeiteten, als Lohn dafür öfters ein Ferkel mit Wünschen für weiteres Glück und Wohlergehen erhalten haben. Erinnert sei auch an das Märchen vom „Hans im Glück", in dem der wandernde Hans gegen eine Kuh ein Schwein eintauscht und dieses dann für eine Gans weitergibt.

Zu Glückschweinen konnte man früher auch bei sogenannten Ferkelrennen kommen, wie sie z. B. im 19. Jahrhundert aus Belgien beschrieben worden sind. Mancherorts wird heutzutage noch der Brauch des Ferkelgreifens geübt. Von den Teilnehmern wird ein Kreis gebildet und ein Ferkel oder Jungschwein darin ausgesetzt. Wem es gelingt, das Schwein einzufangen, dem winkt dieses Tier als Preis. Auf „Schweinerennen" im Rahmen von Volksfesten sollte man aus Gründen des Tierschutzes verzichten, da das Vergnügen der Zuschauer in des Wortes reiner Bedeutung zu Lasten der Tiere geht, sofern diese nicht dafür trainiert wurden.

Früher war auf den Schießscheiben für Schützenwettkämpfe das Schwarze ab und zu auch in Form eines (Wild-) Schweines abgebildet. Wer das Zentrum traf, hier also das Schwein, hatte demzufolge ebenfalls Glück.

Andere bezogen das Schwein als Glücksymbol ganz nüchtern auf seinen materiellen Wert. „Schwein haben" komme also daher, Schweine als Nahrungs- und Einkommensquelle zu besitzen. Natürlich war der Wert zu Zeiten knapper und teurer Lebensmittel noch höher einzuschätzen. Die ausge-

Abb. 73. Sparschweinchen (Ende 20. Jahrhundert).

prägte Fruchtbarkeit dieser Tierart erwies sich dazu als Grundstock zur Vermehrung jener Werte und des Vermögens der Schweinebesitzer. Auch heute hält bekanntlich mancher Bürger nebenbei noch ein oder mehrere Schweine, wobei vielfach billige Küchenabfälle dazu genutzt werden.

Kleine Abergläubeleien in punkto Schweineglück haben sich bis in die Gegenwart gehalten. Wer beispielsweise auf dem Strohmarkt in Florenz das bronzene Wildschwein berührt, soll mit einer Glückssträhne rechnen können. Die dortige Skulptur ziert einen Brunnen, den der Bildhauer Pietro Tacca im Jahre 1612 geschaffen hat.

Mit dem Schwein als Symboltier für Glück und Fruchtbarkeit war es nur ein kleiner Schritt bis zum „Sparschwein" (Abb. 73). In Deutschland ist das Sparschwein als Geldsparbüchse angeblich um 1700 aufgetaucht. Offensichtlich entstand es aber schon wesentlich früher. Im nordthüringischen Billeben wurde eine Schweinefigur ausgegraben, die sich eindeutig als Sparschwein identifizieren und auf Grund von Be-

Abb. 74. Zinnfigur mit Glückschwein, bemalt, 18. Jahrhundert. Aus: Nagel, K., und Riegraf, G.: Vom Glückschwein zum Sparschwein. Tresor Verlag, Affalterbach 1986.

gleitfunden in das 13. Jahrhundert datieren läßt. Die etwa 22 cm lange, hohle, mit einem Rückenschlitz versehene, naiv anmutende Kleinplastik besteht aus rotbraunem Ton und verkörpert einen Schweinetyp mit deutlichen Domestikationserscheinungen (Hängeohren, Ringelschwanz). In Dänemark, einem wichtigen Exportland von Schweinefleisch, erkannte man ebenfalls frühzeitig dem Schwein den Status eines Sinnbildes für Sparsamkeit bzw. Sparen zu. Aufzucht und Mast eines Schweines, von dem praktisch fast alle Teile verwendbar sind und das vielerlei Abfälle als Futter verwertet, würden zu einem sparsamen Haushalt beitragen. Deshalb wurde eine Schweinefigur („sparegrisen") als Spar-

Abb. 75. Wiener Rauchfangkehrer mit Glückschweinchen. Zinkguß, bemalt, 19. Jahrhundert. Aus: Nagel, K., und Riegraf, G.: Vom Glückschwein zum Sparschwein. Tresor Verlag, Affalterbach 1986.

büchse gewählt. Sicher gab und gibt es in anderen Ländern ähnliche Gedankengänge.

Nicht verwunderlich ist, daß die friedlichen Glückschweine mit der Zeit regelrecht vermarktet wurden, wobei die Skala der Erzeugnisse von volkskünstlerisch ansprechenden Leistungen bis zu süßlichem Kitsch reicht (Abb. 74–77). Mit dem Aufkommen der Glückwunschkartenindustrie in den letzten Jahrzehnten des 19. Jahrhunderts wurden auch Glückschweine in allen Varianten reproduziert, am häufigsten auf Neujahrskarten (Abb. 78).

Auf Spielkarten fand sich in Süddeutschland seit etwa 1500 auf dem Daus oder anderen Karten öfters eine Sau. Früher

Abb. 76. Knabe auf Glückschwein. Wiener Kunstkeramische Werkstätten, Jugendstil, um 1900. Aus: Nagel, K., und Riegraf, G. (1986).

galt die Dauskarte noch als geringwertiges Blatt. Der Glaube an das Schwein als Glückbringer soll sich in der Folge so ausgewirkt haben, daß das Daus (As) mit der „Sau" zur überlegenen Karte wurde und den König stechen konnte, also zur höchstwertigen Karte avancierte. In Bayern hieß die Dauskarte seit dem 16. Jahrhundert Eichelsau, Schellensau usw. „vnnd weilen die Säu mehrer gelten als der König, so ist dieses ja ein Säuisch spil" (1691; zitiert nach ten Cate, 1972). Beispiele für „Spielkartenschweine" zeigen die Abb. 79 und 80.

Auch auf festlichen Tafeln war das Schwein als kunsthandwerklicher Gegenstand mitunter präsent, wie die Abb. 81 zeigt. In der Spielwarenindustrie gehört das Schwein seit langem zu den beliebten Tierfiguren (Abb. 82).

Abb. 77. Glückschweinchen-Figuren (Ende 20. Jahrhundert).

Abb. 78. Neujahrskarten (Anfang 20. Jahrhundert). Aus: Sammlung des Verfassers.

Abb. 79. Alte Spielkarte. Jäger mit erlegtem Wildschwein. Mit freundlicher Genehmigung der Altenburger Spielkartenfabrik.

Abb. 80. Geschecktes Schwein über zwei Spielkarten. Aus einem aquarellierten Spiel „Karten auf Karten" (England, Ende 18. Jahrhundert), 12,5 × 8,5 cm. Mit freundlicher Genehmigung der Altenburger Spielkartenfabrik.

Abb. 81. Eberfigur als Bowlengefäß mit Deckel. Berliner Porzellanmanufaktur. Jagdschloß Stern, Potsdam.

Abb. 82. Holzschweinchen. Reifendreherei, Spielzeugmuseum Seiffen im Erzgebirge.

Kosten und Preise

Mancher kennt den Ausspruch: „Das kostet ein Schweinegeld". Gemeint ist mit diesem, weder im Duden noch in numismatischen Lexika anzutreffenden Begriff eine erhebliche Geldmenge bzw. ein unerwartet hoher Preis für eine Ware bzw. Leistung. Vielleicht rührt die Redewendung mit davon her, daß Schweine einen ziemlich hohen wirtschaftlichen Wert ausmachen, und zwar sowohl für den Schweinehalter als auch für den Käufer von Schweinen. In einem Fachbuch über Schweine aus dem Jahre 1907 heißt es: *„Bei der Schweinezucht ist allerdings ein schönes Geld zu verdienen – aber Glück muß man haben".* Solches Glück setze Sorgfalt bezüglich Haltung, Fütterung und Pflege der Tiere voraus. Das in der Schweinezucht angelegte Kapital würde sich mit 35 Prozent rentieren. Hierzu paßt auch das Sprichwort:
„Wer Eindruck machen will, kaufe sich ein Pferd, wer Reichtum erwerben will, züchtet Schweine".

Sicher hat man schon frühzeitig Schweine auch als Handels- und Tauschobjekt genutzt. Im Mittelalter dienten Schweine stellenweise als Tribut und als Abgabe an die Feudalherren (Schweinezehnt, Schweinezins). In Frankreich, im Gebiet der Cevennen, waren früher in Heiratskontrakten mitunter Schweine als wertbestimmende Teile der Aussteuer der Braut aufgeführt. In der Inselwelt Melanesiens fungierten neben Muscheln und anderem die Schweine als größte Haustierart und ihre Zähne als eine Art von Geld. Vor allem die Hauer, die unteren Eckzähne der Eber, waren gefragt. Je weiter die Hauer zu einem Kreis gewachsen waren, umso höher war ihr „Geld"- und Schmuckwert. Auf dem Territorium von Papua-Neuguinea soll früher ein Eberzahn an manchen Orten den Wert von 200 Hundezähnen und ein Hundezahn wiederum den Wert von 3 bis 5 Pfennigen besessen haben. Auf den Neuen Hebriden, einer Inselgruppe im Stillen Ozean zwischen den Fidschiinseln und Neukaledonien, wurde noch zu Beginn unseres Jahrhunderts auch beim Kauf von Frauen deren Wert bzw. Preis in Schweinen gemessen. Je nach Alter und anderen Eigenschaften waren sie 5 bis 25 Schweine „wert". Vor allem „Hauerschweine", gesondert aufgezogene und von Frauen gefütterte Eber, waren dortzulande das Maß aller Dinge und höchstbewertete Opfertiere. Schweine mit bis zu einem Halbkreis gewachsenen Hauern, die geringste Güteklasse, entsprachen damals 5 bis 10 englischen Pfund.

Die Preise für Schweine und Schweinefleisch im Lauf der Geschichte waren naturgemäß je nach Region und Zeit außerordentlichen Schwankungen unterworfen, auch unter Beachtung historischer Relationen. In den von Slawen besiedelten ostelbischen Gebieten Deutschlands wurde im 11. Jahrhundert der Wert eines Schweines mit 30 g Silber (in Form von Hacksilber oder Münzen) beziffert, vergleichsweise der eines Pferdes mit 150 bis 300 g. Im Jahre 1162 soll in Leitzkau bei Magdeburg ein Schwein 24 Denare (Silberpfennige) gekostet haben; dies kommt den vorstehend genannten 30 g Silber sehr nahe. Bezahlt wurde im Jahre 1512 in Lüchow und im Jahre 1550 in Wittenberg ein Gulden für ein Schwein. In Strausberg bei Berlin kostete 1598 ein fettes Schwein vier Taler. Im Jahre 1609 verlangte man im uckermärkischen Prenzlau 2 Taler und 10 Groschen für ein Schwein, d. h. rund 2½ Taler, während der inflationären Kipper- und Wipperzeit um 1622 aber schon 8 Taler.

In der ersten Hälfte des 18. Jahrhunderts bewegte sich der Preis eines Schweines um etwa 2 Taler. Im Jahre 1772 veranschlagte man in Biesenthal in der Nähe Berlins ein Schwein mit 4 Talern, ein „Mittelschwein" mit rund 2½, eine alte Sau mit 5, ein Sauferkel mit 5 und ein Mastschwein mit 6 Talern (nach Friese, 1986). Dabei ist zu berücksichtigen, daß Mastschweine früher deutlich geringere Körpermassen aufwiesen. Doch gab es auch Ausnahmen: Um 1777 soll ein Herr von Brenkendorf zwei Schweine mit je 500 kg Körpermasse nach Berlin verkauft und dafür 70 Taler kassiert haben. Vor etwa 100 Jahren entsprach ein Taler in Deutschland 3 Silbermark oder 300 Pfennigen. Auf Rügen und auch an anderen Orten handelte man vor 1914 ein Ferkel für einen „Goldfuchs", das war ein 20-Mark-Goldstück. Heute kostet in der Bundesrepublik Deutschland ein solches Goldstück als Münze um 250 DM. Schlachtschweine hatten im Jahre 1880 in Stuttgart einen Preis von 86 Mark je Dezitonne, um 1900 in Berlin von rund 100 Mark, während der Weltwirtschaftskrise um 1932 hier nur etwa 70 Mark je Dezitonne.

Schweinefleisch, hier 1 Pfund als frühere Gewichtseinheit (etwa 0,5 kg, das Pfund war je nach Land und Zeit unterschiedlich schwer), konnte man im Jahre 1415 in Konstanz für 4 Pfennige kaufen (Silberpfennige!), 1657 in Berlin für 10 Pfennige, 1834 für 25 Pfennige, 1808 während der französischen Besetzung aber erst für 4 bis 5 Groschen (50 bis 60 Pfennige). Für Lüneburg war 1618 angeordnet, daß der Verkaufspreis für 1 Pfund Schweinefleisch höchstens 2 Mariengroschen betragen durfte (18 Pfennige). In mehreren brandenburgischen Städten kostete es 1727 1½ Groschen, also ebenfalls 18 Pfennige. In Stuttgart zahlte man im Jahre 1880 aber schon 60 Pfennige je Pfund (6 „Groschen"), im Jahre 1900 in Berlin 1,35 Mark für 1 Kilogramm.

Im Falle von Mißernten, die nicht selten waren, oder bei kriegerischen Ereignissen stiegen die Preise für Schweinefleisch drastisch an. Zu berücksichtigen sind aber außerdem die früher wesentlich geringeren Einkünfte der arbeitenden Menschen.

Auf Preisangaben für Schweine und Schweinefleisch in

der Gegenwart soll hier nicht näher eingegangen werden, differieren sie doch auf Grund von Besonderheiten der jeweiligen Länder, staatlicher Regelungen und der Marktbedingungen beträchtlich.

Um einen Begriff von der wirtschaflichen Dimension der Schweineproduktion in einem Land mit vergleichsweise hohen Nutztierbeständen zu bekommen, sei ein Jahresergebnis der DDR angeführt (1987): Die rund 14 Millionen zur Schlachtung abgelieferten Schweine brachten den landwirtschaftlichen Erzeugerbetrieben annähernd 12 Milliarden Mark an Verkaufserlös. Das war etwa ein Drittel der Gesamterlöse aus der Nutztierproduktion.

Aufschlußreich sind auch die Ausgaben für bestimmte Eingriffe an kranken oder gesunden Schweinen. In der schlesischen Stadt Oppeln (jetzt Opole, Polen) gab es im Jahre 1612 folgenden Posten in der Stadtrechnung: „Einem Manne, welcher die Schweine, so sehr gekrencket haben (die erkrankten ratseigenen Schweine, drei Stück an der Zahl), die Ader geschlagen und eingegeben, und ihnen mit Gottes Hilfe geholfen, gegeben 1 Thaler", damals ein relativ hohes Honorar.

Laut einer „Churfürstlich-Brandenburgischen Policey-Ordnung des Hertzogthums Magdeburg" von 1688 sollten dem Schweinschneider für das Kastrieren einer Sau ein Groschen und für das Kastrieren eines Ferkels sechs Pfennige gegeben werden.

Daß Schweine noch in neuerer Zeit als „Zahlungsmittel" in Erscheinung traten, vor allem in Geldmangelsituationen, überrascht nicht. Bekannt sind die Schwarzmarktgeschäfte während der beiden Weltkriege und in den Nachkriegsjahren. Im Jahre 1947 mußte man in Berlin z. B. für 1 Pfund Fleisch 80 Mark entrichten.

Der Kuriosität halber sei erwähnt, daß während der Weltwirtschaftskrise um 1930 in Dänemark eine Frau ihre neue Dauerwellenfrisur, eine Errungenschaft der zwanziger Jahre, beim Friseur mit vier Ferkeln bezahlt haben soll. Für einen

Besucher einer niederdeutschen Theateraufführung bedeutete ein Ferkel die Eintrittskarte.

Bei Handelsberatungen zwischen Österreich und Polen in jener Zeit wollte das Alpenland aus Polen nur dann Schweine kaufen, wenn Polen gleichzeitig Erholungsreisen von polnischen Staatsbürgern nach Österreich erlaube. Drei Schweine sollten mit der Beherbergung eines Touristen verrechnet werden. Polen ist hierauf aber angeblich nicht eingegangen.

Münzen, Marken und Medaillen

Gemünztes Geld wurde im 7. Jahrhundert v. u. Z. in Ablösung der reinen Naturalwirtschaft und vormünzlicher Geldformen zuerst in Lydien (Kleinasien) geprägt. Der Reichtum des dort im 6. Jahrhundert v. u. Z. regierenden Königs Krösus ist sprichwörtlich geworden.

Als Münzbilder kommen Schweine bereits im 5. und 4. Jahrhundert v. u. Z. vor, teils als Wildschweine, teils als Hausschweine (s. Abb. 30). Erstere sind nicht selten in furchterregender Form dargestellt, zerstörerische Kraft (Schädigung der Äcker) und Aggressivität widerspiegelnd. Ihr Erlegen galt als Heldentat. Beliebte Motive aus der griechischen Mythologie waren im Altertum der Erymanthische Eber und der Kalydonische Eber, wie wir sie von römischen Silberdenaren kennen (s. Abb. 31). Keltisch-gallische Münzen (ab etwa 200 v. u. Z.) zeigen zum Teil ebenfalls Wildschweine, oft in stilisierter Form.

Im republikanischen Rom des 3. Jahrhunderts v. u. Z. hatte man als früheste Münzform große, rechteckige, aus Kupfer gegossene Platten (Barren), bezeichnet als Aes grave (Schwergeld) bzw. Aes signatum. Bei diesen kam unter anderem auch ein Schwein als Münzbild vor (Abb. 83), mit einem Elefanten auf dem Revers. Hier wird auf den Kampf der Römer mit König Pyrrhos von Epeiros angespielt (Schlacht von Beneventum, 275 v. u. Z.), bei dem das Quieken der römischen Schweine die Kriegselefanten des Pyrrhos vertrieben hatte. Auch auf anderen antiken Münzen erscheinen Hausschweine als Sinnbilder für Fruchtbarkeit und Glück. Ein um

Abb. 83. Schwein auf römischem Schwergeld (Aes grave) aus Kupfer, 3. Jahrhundert v. u. Z., 15,2 × 8,5 cm, 2,75 kg schwer. British Museum London. Aus: Haeberlin, E. J.: Aes grave. Frankfurt/M. 1910. Das Schwein (Avers) und der auf dem Revers befindliche Elefant beziehen sich auf die Vertreibung der Kriegselefanten des Königs Pyrrhos von Epeiros durch Schweine der Römer.

150 u. Z. unter dem römischen Kaiser Antoninus Pius zum 900jährigen Bestehen Roms geprägter As, eine größere Kupfermünze, zeigt eine Sau mit Ferkeln (Abb. 84). Hier wird ein Sagenmotiv aus der Entstehungsgeschichte Roms wiedergegeben: Der nach der Sage mit seinem Anhang aus dem zerstörten Troja geflohene Aeneas war per Schiff glücklich zur italienischen Halbinsel gelangt. Als Dank wollte er eine weiße, d. h. glückverheißende Sau opfern. Die zur Opferung vorgesehene trächtige Sau entlief aber. Sie wurde später mit 30 Ferkeln wiedergefunden. An dieser Stelle hat man dann in abergläubischer Deutung 30 Jahre später angeblich die Stadt Alba (Alba longa) – die Weiße – bzw. Lavinium, Mutterstadt der latinischen Städte, erbaut.

Aus dem Mittelalter kennen wir nur wenige numismatische Belege mit Schweinen. Silberne Hohlpfennige der

Abb. 84. Sau mit Ferkeln auf einer römischen Kupfermünze (As), geprägt unter Kaiser Antoninus Pius (138–161 u. Z.); Kopfbild des Kaisers auf dem Revers. Zum Gedenken an die sagenhafte Gründung Roms im Jahre 753 v. u. Z., die von Aeneas als Opfer vorgesehene Sau wiedergebend.

schlesischen Stadt Schweidnitz (jetzt Świdnica, Polen) aus dem 15. Jahrhundert zeigen einen Eberkopf.

Mitte des 18. Jahrhunderts ließ der jagdbesessene Landgraf Ludwig VIII. von Hessen-Darmstadt mehrere Münztypen mit einem Wildschwein darauf prägen („Saudukat"). Auf einigen englischen Token, kupfernen Penny-Ersatzmünzen, aus der Zeit um 1800 sind Schweine abgebildet, und zwar im

Abb. 85. Eine Sau früheren Typs mit Ferkeln auf einer ½-Penny-Münze der Republik Irland von 1928 (Bronze, 25 mm); links. Verwildertes Hausschwein auf einer 1-Cent-Münze der Bermudainseln von 1971 (Bronze, 18,5 mm); rechts.

Zusammenhang mit der Verhöhnung königlicher Würde und Dekrete. Letztere werden auf dem Münzbild den Schweinen zum Fraß vorgeworfen, auf einem anderen Münzbild herrschaftliche Insignien von einem Schwein zertreten. So sind diese Token zu politischen Spottmünzen geworden.

Die Republik Irland prägte seit 1928 ½-Penny-Münzen aus Bronze mit einer Sau und Ferkeln als Umlaufmünze, der im westlichen Atlantik gelegene Inselstaat Bermudas seit 1970 1-Cent-Münzen aus Bronze mit einem Schwein, das ein verwildertes Hausschwein darstellen soll (Abb. 85). Das Schweinemotiv dieser Bermuda-Münze leitet sich von kupfernen „Schweinemünzen" ab, welche dort im Jahre 1616 geprägt worden waren (2 Pence bis 1 Shilling). Juan Bermúdez, der Entdecker der später nach ihm benannten Inselgruppe, hatte bei seinem zweiten dortigen Besuch Anfang des 16. Jahrhunderts Schiffbruch erlitten. Einige als Frischfleischreserve mitgeführte Hausschweine entkamen dabei. Sie vermehrten sich und verwilderten auf den Bermudas. Als im Jahre 1609 eine Auswanderergruppe aus England dort strandete, wurden die

Abb. 86. Schwarzwild entdeckt Erzader. 50-Pfennig-Notgeldschein der Stadt Ehrenfriedersdorf (Erzgebirge) von 1921.

Nachkommen dieser entlaufenen Schweine für die Schiffbrüchigen und neuen Ansiedler zur lebensrettenden Nahrungsquelle. Dem gedenkend, nahmen die neuen Bewohner das Schwein auf ihre ersten Münzen. In Irland trug die Shilling-Münze zeitweise auch die Bezeichnung „hog" (Schwein), in England die Fünf-Shilling-Münze. Ein besonderes Kapitel der Geldgeschichte ist das Notgeld aus der Zeit des ersten Weltkrieges und der nachfolgenden Inflation, also der Jahre von 1916 bis 1923. Angesichts des großen Kleingeldmangels erhielten damals viele deutsche Städte, Gemeinden und Betriebe die Genehmigung, Notgeld aus unedlem Metall oder aus Papier herauszugeben, allerdings nur mit lokaler und zeitlich begrenzter Geltung. Zu den vielen, meistens ortsbezogenen Bildmotiven zählen auch Schweine. So zeigt ein 50-Pfennig-Notgeldschein von 1921 aus Ehrenfriedersdorf im Erzgebirge, daß Wildschweine durch ihr Wühlen eine Zinn-

Abb. 87. Schweine auf Briefmarken.

Erzader freilegten und dadurch dem Städtchen Arbeit und Wohlstand brachten (Abb. 86). Der betreffende Berg heißt noch heute Sauberg. Auf einem 2-Mark-Notgeldschein von Wiedenbrück/Westfalen aus demselben Jahre wird illustriert, wie 1862 ein Schwein dort einen Münzfund aufspürte.

Hunger und Not als Kriegsfolgen machen 25-Pfennig-Scheine der thüringischen Städte Eisenberg und Greußen, ebenfalls aus dem Jahre 1921, deutlich. Drei Notgeldscheine einer Schweinezüchterei in Badetz bei Zerbst (Anhalt), die etwa 30 Zuchtsauen besaß und in den 30er Jahren aufgelöst wurde, haben zweimal eine Sau mit Ferkeln als Bildmotiv. Auf dem dritten ist ein von Kindern geführtes Schweinegespann abgebildet, sicher mit als Reklame-Gag gedacht. Auch auf Notgeldscheinen mehrerer nord- und westdeutscher Orte

Abb. 88. Schweine auf Auszeichnungs- und Gedenkmedaillen des 20. Jahrhunderts.

kommen Schweine vor, so von Diepholz, Hemdingen, Rietberg, Siedenberg, Süderbarup, Twistingen, Vosselhövede. In Rietberg/Westfalen soll gemäß diesem Geldschein das Vorzeigen eines Schweines früher einmal den Belagerern des Schlosses demonstriert haben, daß man noch nicht am Verhungern sei; so habe das Schwein zur Errettung beigetragen. Die Städte Oldenburg und Eberbach gaben im Jahre 1917 Notgeldmünzen aus Eisen bzw. Zink mit einem Wildschwein als Münzbild heraus.

Die Philatelie hat an Schweinemotiven relativ wenig zu bieten. Trotz fast unzähliger Sonderbriefmarken-Serien mit Tiermotiven kommen Schweine, besonders Hausschweine, auf Briefmarken nicht allzu häufig vor. Eine Kollektion bietet die Abb. 87. Die rumänische 1-Leu-Marke zeigt den Kopf eines stehohrigen Hausschweines, der polnische 4,5-Złoty-

Wert den modernen, fettarmen Fleischschweintyp, wie es ihn etwa seit 1960 in vielen Ländern gibt. Dazu kontrastiert stark der kurzbeinige, schnellwüchsige und sehr fruchtbare Schweinetyp Ostasiens, wie ihn die chinesischen Marken von 1960 zeigen (s. Abb. 14). In der DDR gab es einmal eine 70-Pfennig-Marke mit einer Rotte Schwarzwild als Motiv.

Um Erfolge in der Tierzucht und die Teilnahme an Zuchtveranstaltungen zu würdigen, also die Züchtungsarbeit zu fördern, stellt man ab etwa Ende des 19. Jahrhunderts zahlreiche Medaillen her, auf denen oft die betreffenden Tiere abgebildet wurden (Abb. 88).

Das kranke Schwein

Seit jeher konnten Schweinekrankheiten die Leistungen der Schweine, wie Wachstum und Fortpflanzung, beeinträchtigen sowie mehr oder weniger hohe Verluste durch Verenden oder Not- und Krankschlachtungen verursachen. Hinzu kamen nicht selten Gesundheitsgefährdungen für Menschen über das Fleisch, andere Erzeugnisse von Schweinen oder den Kontakt mit diesen. Hierbei hatten übertragbare, seuchenhafte Krankheiten große Bedeutung, wie Milzbrand, Rotlauf, Tuberkulose, Bandwurmfinnenbefall, Trichinellose, also Schweinekrankheiten, die bis auf den Rotlauferreger in Mitteleuropa jetzt im wesentlichen getilgt sind. Der in vergangenen Jahrhunderten sehr geringe und nur langsam wachsende Erkenntnisstand zeitigte früher bei den Menschen Einstellungen und Handlungen, über die man heute lächeln möchte. Ihre Heilbehandlungen und Verhütungsmaßnahmen gegen Erkrankungen waren von Aberglauben und Mystik bestimmt, empirisch und oft abenteuerlich anmutend. Sie brachten nur relativ selten deutlich positive, dauerhafte und reproduzierbare Erfolge. Oft wurden richtiges Handeln und Forschen sogar behindert, beispielsweise von kirchlichen Institutionen. Erst die schneller fortschreitenden Erkenntnisse in den letzten 120 Jahren, ausgehend von der rascheren Entwicklung der Produktivkräfte, ließen echte und bemerkenswerte medizinische Fortschritte zu.

Veterinärmediziner im eigentlichen Sinne, zuerst an vergleichsweise bescheidenen Tierarzneischulen, später an Hochschulen und Universitäten ausgebildet, gibt es erst seit den sechziger Jahren des 18. Jahrhunderts. Verständlich ist auch, daß in den Anfangsjahren der neuzeitlichen Tiermedizin die Kenntnisse noch äußerst lückenhaft waren. Die Behandlung kranker Schweine war z. B. im 18. Jahrhundert noch nicht Lehrgegenstand an den neu geschaffenen Tierarzneischulen, zum Teil sogar noch verpönt. Zu Beginn des 18. Jahrhunderts hatte der Franzose Vanieri hinsichtlich des Umgangs mit erkrankten Schweinen geschrieben: „Die Muse aber sträubt sich, die heilenden Hände an das abstoßende Schwarzvieh zu legen." Für Kurpfuscher gab es früher auch die Bezeichnung „Sauarzt".

In früheren Jahrhunderten bis weit in die Neuzeit hinein haben sich mit kranken Tieren (für Schweine gilt dies besonders) vor allem Hirten, Abdecker, Scharfrichter, „besprechende Frauen", bei Großtieren auch Hufschmiede, Priester, im Mittelalter beispielsweise Mönche, oder Medizinmänner der jeweiligen Völker befaßt. Dabei soll Hirten, Mönchen und anderen nicht jegliches empirisches Wissen abgesprochen werden. Viele von ihnen hatten beim Umgang mit kranken Tieren Erfahrungen gesammelt und besaßen gute Kräuterkenntnisse. Von guten Hirten wurde erwartet, daß sie einen Aderlaß vornehmen konnten. Scharfrichter betätigten sich auch als „Schweinschneider" (Kastrierer). Nur ausnahmsweise waren medizinisch Ausgebildete, entsprechend dem damaligen Wissensstand, bei kranken Tieren tätig. Aus den Hochkulturen des Altertums wird auch über das Wirken von Tierärzten berichtet, ohne daß über entsprechende Behandlungen oder Eingriffe bei Schweinen etwas Näheres bekannt ist. Zuerst versuchten sicher die Tierbesitzer selbst oder wohlmeinende Nachbarn, erkrankte Tiere zu kurieren. Dabei wird manche Pfuscherei zustande gekommen sein. Viele Vieharzneibücher und landwirtschaftliche Fachbücher des 19. Jahrhunderts wenden sich mit Anleitungen zur Therapie direkt an die Bauern.

Es ist nicht immer leicht, früher aufgetretene Schweinekrankheiten mit heutigen Krankheiten und Krankheitsbezeichnungen in Übereinstimmung zu bringen. Auch hat sich das Krankheitenspektrum deutlich verändert. Das läßt sich vor allem auf die andersartigen, zumeist extensiven Haltungs- und Fütterungsverfahren früherer Zeiten zurückführen. Die ehemals andersartigen, spätreifen Rassen, andere Untersuchungs- und Behandlungsmethoden und die zwischenzeitliche Ausrottung mancher Krankheiten sind weitere ursächliche Faktoren. Bilder und Verlauf noch heute bekannter Erkrankungen manifestierten sich oft anders.

Darüber hinaus herrschte eine von der Gegenwart grundverschiedene Betrachtungsweise. Krankheiten wurden im allgemeinen nicht auf definierbare materielle Ursachen zurückgeführt, sondern man glaubte an das Einwirken überirdischer Kräfte, übelgesinnter Gottheiten, von Teufeln, Hexen oder Personen mit „bösem Blick". Selbstverständlich waren kausale Agenzien wie Bakterien und Viren oder spezifische Nährstoffmangelzustände u. a. noch nicht bekannt.

Im alten Babylonien hielt man die Krankheiten für Dämonen, welche Mensch und Tier befielen. Diese bösen Geister stellten sich die Babylonier personifiziert vor und nutzten entsprechende bildliche Darstellungen zu Beschwörungen und als krankheitsabweisende Amulette. Die Fiebergöttin Lamaschtu wurde beispielsweise mit fratzenhaftem Löwenkopf und entblößten Brüsten, an denen ein Ferkel und ein Hund saugen, abgebildet. Zauberpriester versuchten, Kranke durch Beschwörungen mit Hilfe solcher Dämonenbilder von den bösen Geistern zu befreien. Für solche Rituale gab es umfangreiche, detaillierte Vorschriften. Daneben wendeten sie auch einzelne Therapiemaßnahmen an. Auch bei den Germanen galten Dämonen als Verursacher von Krankheiten.

Noch jetzt werden von den Eingeborenen auf der melanesischen Inselwelt im Pazifik die meisten Krankheiten zum Beispiel auf den Zorn eines unzufriedenen Vorfahren oder eines übelgelaunten Geistes zurückgeführt. Bei der magischrituellen Behandlung müssen deshalb zuerst der schuldige Verursacher und seine Beweggründe herausgefunden werden. Manche Stämme schneiden erkrankten Schweinen Ohr und Schwanz an, um das ungesunde Blut zu verjagen.

Aristoteles (384–322 v. u. Z.) nannte bei den Schweinekrankheiten Rachenmilzbrand, soweit sich dies heute ausdeuten läßt, fieberhafte Darmleiden und Finnigkeit. Einzehigkeit als Fehlbildung, Anwendung von Aderlaß und bei Sauen den Bauchschnitt führte er ebenfalls an.

Der römische Dichter Vergil (70–19 v. u. Z.) erwähnt in seinen „Georgica", einem in Hexametern abgefaßten Lehrgedicht über die Landwirtschaft, zwei Schweineseuchen: eine mit quälendem Husten verbundene Halsschwellung und einen sogenannten ignis sacer („heiliges Feuer", vielleicht Rotlauf). Plinius d. Ä. berichtete im Jahre 77 u. Z., daß die Schweine unter den verschiedenen Krankheiten am meisten einer Art Angina mit starkem Halsanschwellen ausgesetzt seien (vermutlich akute Pasteurellose, später auch „Bräune" genannt). Seine heute zu belächelnde Auffassung, daß bei erkrankten Schweinen herausgerissene Borsten blutig verfärbt seien, hat sich bis in das 18. Jahrhundert erhalten. Der schon zitierte römische Agrarschriftsteller Columella (1. Jahrhundert u. Z.) beschrieb Erkrankungen von Schweinen und ihre Behandlung wie folgt, uns inhaltlich teilweise kaum mehr verständlich:

„Fiebernde Schweine tragen den Kopf geneigt und schief und brechen auf der Weide zusammen. Dann soll man ihnen am Ohr der anderen Seite Blut abnehmen und am Schwanz einen Aderlaß machen, sie einige Tage im Stall halten und ihnen Gerstenmehl geben."

Bei Drüsenschwellung (vermutlich am Hals, Rachenmilzbrand?) werden ein Aderlaß unter der Zunge und das Einreiben der Maulhöhle mit Salz und Weizenmehl empfohlen. Wenn eine ganze Herde krank ist, nicht frißt, abmagert und auf der Weide von Schlafsucht erfaßt wird, ist sie im Stall einzusperren und dürsten zu lassen. Dann soll man Schlangengurkenwurzel applizieren, wonach den Schweinen schlecht wird, sie erbrechen und sich dadurch reinigen. Richtig ist aus heutiger Sicht Columellas Empfehlung, im Sommer reichlich zu tränken und den Schweinen Badestellen anzubieten. Wenn sie sich nicht richtig satt trinken können, würden die Tiere – nach damaliger Meinung – „lungensüchtig". Möglicherweise ist hier Lungenwurmbefall gemeint; solcher könnte bei Austrieb der Schweine in sumpfige Gegenden und bei Fehlen gesonderter Tränken verstärkt aufgetreten sein.

Bei den zahlreichen archäologischen Knochenfunden von Schweinen, vor allem an keltischen Fundstätten, stieß man relativ häufig auf Knochenbrüche am Unterschenkelknochen (Spiralfrakturen der Tibia). Als Ursache kommen heftige Bewegungen der Schweine im Zusammenhang mit ihrem Anbinden am Hinterbein in Betracht (Erschrecken, Fluchtversuch und Hinstürzen beim Tüdern).

Schon in der Antike kastrierte man zwecks besserer Mastfähigkeit und besseren Geschmacks von Fleisch und Fett die Eber und auch die Sauen. Die Römer haben Sauen auch damit sterilisiert, daß sie mit einem Messer die Vulva verwundeten, so daß die Tiere infolge der Vernarbung nicht mehr bedeckt werden konnten. Im Mittelalter kastrierte man Sauen unter anderem durch operatives Entfernen der Eierstöcke; sie hießen dann Nonnen.

Auch was Gesundheit, Krankheit und Heilbehandlung betrifft, waren im Mittelalter Denken und Handeln der Menschen in Europa tief von Aberglauben durchdrungen. Verzaubertsein und Verhextsein des Viehs als angenommene Ursachen von Erkranken, Verenden und Unfruchtbarkeit waren in der Vorstellungswelt der bäuerlichen Bevölkerung und nicht nur dieser tief verwurzelt. Die christliche Kirche erkannte nicht nur das Wirken des Teufels, sondern auch das von Hexen und Zauberern an. Es festigten sich die Ansichten, daß Hexen die Tiere mittels bösen Blickes oder Berührens krank oder unfruchtbar machen würden. Ein Mönch hatte auch behauptet, daß der Teufel nicht selten die Gestalt eines Ebers annehme und so in den Klöstern umhergehe. Klöster zählten früher mit zu den größten Schweinehaltern. Aufhebung oder Verhinderung einer Tierverhexung mußte nun mit kirchlich genehmigten bzw. verordneten Methoden erfolgen, mit segnenden Sprüchen, Weihwasserbesprengungen und anderem. Zum Verhüten und Behandeln von Krankheiten gehörte auch das Anrufen von Schutzheiligen, zum Beispiel des heiligen Antonius im Falle der Schweine. Mönche verkauften das angeblich viehschützende Antoniusbrot.

Es folgte bekanntlich am Ende des 15. Jahrhunderts bis teilweise ins 18. Jahrhundert hinein religiöser Fanatismus mit organisierten Hexenverfolgungen, mit Denunzieren und Foltern verdächtiger Frauen und ihrem anschließenden öffentlichen Verbrennen, wie es die päpstliche „Hexenbulle" (1484) und der „Hexenhammer" der Dominikanermönche Heinrich Institoris und Jakob Sprenger (1489) vorsahen. Nach diesem „Malleus maleficarum", in dem der Hexenwahn und die Hexenprozesse gleichsam kodifiziert waren, konnte jeder, der sein Vieh verhext glaubte bzw. ein Tier verlor, irgend jemand als vermutlichen Verursacher des Verhexens anzeigen.

Auf tiermedizinischem Gebiet ist in den zehn bis zwölf Jahrhunderten nach dem Untergang des Römischen Reiches kein bemerkenswerter Fortschritt zu erkennen. Im Mittelalter waren die Erkenntnisse der antiken und später der arabischen Kulturvölker zum erheblichen Teil verlorengegangen, oder sie waren als heidnische Einflüsse unerwünscht.

Nachstehend seien einige Beispiele für Behandlungsversuche und -methoden bei kranken Schweinen aus der Zeit des Spätmittelalters bis hin zum 19. Jahrhundert aufgeführt.

Gegen „versehene", angeblich verhexte Schweine sollte man unter anderem so vorgehen:

„Man zieht das Schwein gegen Osten, streicht es vom Kopf bis zum Hinterteil und spricht dreimal, alles vor Sonnenaufgang oder nach Sonnenuntergang:

Zwei böse Augen haben dich gesehen,
drei gute sollen's dir benehmen.
Gottes Auge und meine beiden Augen."

Gegen das „Laufende Feuer" der Schweine (Rotlauf, Milzbrand) riet man zum Beispiel neben fragwürdigen Chemikalien folgendes „Besprechen" an:

„Man mische roten Bolus [Tonerde], grauen Schwefel und Schießpulver in süßer Milch, gibt es dem Tier ein und besprengt es dann mit lauwarmem Wasser, indem man spricht:

Dat lopende Für,
du brenst, blau, gel, un rot,
du sollst sten still und got."

In einem Buch über Tierheilkunde von 1892 fanden sich außer dem gedruckten Inhalt auf den Innenseiten des Einbandes folgende Heilsprüche handschriftlich eingetragen:

„Ich geh über Land und Sand,
und verspreche den Brand,
er sei innerlich oder äußerlich,
so geschwind er gekommen,
so geschwind muß er verschwinden."

Und weiter:

„Blutgang, Blutstank,
hier hast du keinen Gang,
und sollst nicht schwären,
bis daß die Mutter Jesu ihren zweiten Sohn wird gebären."

„Wurm, du sollst nicht mehr nagen,
Wurm, du bist heute gesund und roth,
Wurm, du bist morgen tot."

Abb. 89. An Rotlauf erkranktes Schwein. Typisch für diese Rotlaufform sind die scharf begrenzten roten Hautbezirke (Backsteinblattern). Daneben gibt es chronische Rotlauferkrankungen mit Gelenk- und Herzmuskelentzündungen. Archivfoto: Institut für bakterielle Tierseuchenforschung, Jena.

Eine weitere Heil- und Vorbeugemaßnahme gegen seuchenhafte Krankheiten der Schweine, wie den Rotlauf (Abb. 89), war seit dem Altertum das sogenannte Notfeuer (ignis frictus). Hierbei trieb man die gefährdeten und zu schützenden Schweine durch ein in einem Hohlweg angelegtes Feuer. Es wurde auch angeraten, glimmende Reste aus dem Notfeuer mit nach Hause zu nehmen, dort in Wasser zu löschen und dann den Tieren als Tränke zu geben. Notfeuer für Schweine gab es noch im 19. Jahrhundert. Es gehörte auch in der Mark Brandenburg zu den abergläubischen Bräuchen. Daß erkrankte Schweine verhext seien, hat man mancherorts noch zu Beginn unseres Jahrhunderts geglaubt. Sprüche der vorstehenden Art waren als „Gegenmittel“ geläufig.

In Frankreich wandte man früher neben anderem auch

solche Methoden an: Erkrankte ein Schwein an „Trübsinn und Traurigkeit", rieb man ihm den Rücken und Kopf mit Hühnermist ein. Oder wollte ein Schwein nicht fressen, spielte der Bauer ihm vor, daß es verkauft würde. Aus Angst davor, daß es nun zu einem anderen Besitzer oder sogar zum Schlächter müßte, sollte das Tier wieder fressen lernen. Ein Nachbar simulierte im Stall den Käufer, dem der Bauer laut erklärte: Das Schwein ist dein, ich verkaufe es dir, und der „Käufer" händigte ein ihm vorher zugestecktes Geldstück aus. Wie oft ein solcher Schweineverkauf, auch aus dem früheren Schlesien beschrieben, die Schweine beeindruckt hat, ist nicht überliefert.

Zum Verhüten von Schweinesterben ganz allgemein hatte Zedlers Universal-Lexikon von 1743 angeraten, Angelica (Engel- oder Brustwurz) mit Kraut und Wurzeln bald nach Ostern in die Tränke zu legen und das über das ganze Jahr. Schweinespezifische Arzneien waren früher auch „Schweine- oder Saupulver" (Spießglanz bzw. Antimontrisulfid) und „Schweinetropfen" (Aloetinktur oder Arsenicum als homöopathische Zubereitung).

Im 18. und 19. Jahrhundert standen nachstehend aufgeführte Krankheiten bei Schweinen im Vordergrund, mit zum Teil heute uns seltsam anmutenden Bezeichnungen. Die Angaben wurden dem „Allgemeinen Vieharzneibuch" des königlich-preußischen Tierarztes Rohlwes aus dem Jahre 1802 entnommen (im Jahre 1913 war hiervon die 68., unveränderte Auflage gedruckt worden!).

- ✫ Laufendes Feuer. „Keine Krankheit ist unter den Schweinen verheerender," eine Heilung erkrankter Tiere „hat bisher nicht glücken wollen". Darunter verbergen sich akuter Rotlauf und auch septikämischer Milzbrand.
- ✫ Bräune. Halsanschwellen, hohes Fieber und oft baldiger Tod waren die Charakteristika (wahrscheinlich akute Milzbrand- und/oder Pasteurellen-Infektionen).

- ✫ Rankkorn oder Gerstenkorn. „Blattern“ an Zunge oder Gaumen waren das typische Symptom. So hieß früher örtlicher Milzbrand in der Maulhöhle.
- ✫ Finnenbefall. Darauf wird noch näher eingegangen.
- ✫ Verfangen. Das Krankheitsbild sollte durch gieriges Fressen oder Treiben gegen den Wind entstehen. Spätere Bezeichnungen sind Rehe und Verschlag.
- ✫ Würmer im Ohr. Es waren Fliegenmaden gemeint.
- ✫ Borstenfäule und Hinternbrand. Ursachen waren äußerst schlechte Haltungsbedingungen, einschließlich fehlendes Entmisten, sowie grobe Ernährungsfehler, wodurch infolge bakterieller Sekundärinfektionen Hautnekrosen, Zahnfleischentzündung und andere Schäden zustande kamen.

Hieraus wird ersichtlich, daß bestimmte bakterielle Seuchen und die Auswirkungen schwerwiegender Haltungs- und Fütterungsmängel im Krankheitsspektrum bei Schweinen vorherrschend waren. Die von Rohlwes und anderen angeratenen Heilmittel waren damals Aderlaß, Gaben von Salpeter, Salmiak, Glaubersalz, Kampfer, Wacholderbeeren u. a.

Uns heute kaum verständlich, zählte aber schon seit dem Altertum die Finnigkeit der Schweine mit zu den bedeutsamsten Krankheiten. Man sah sie als Entzündung, Geschwulst und Blutvergiftung an. Miliare Tuberkuloseformen gehörten vermutlich auch dazu.

Zedler beschrieb es 1743 so: „Die gemeinſte Krankheit, wormit die Schweine vornehmlich geplaget werden, ſind die Finnen, welches weiſſe Körnlein ſind, in Geſtalt in Gröſſe des Corianders, und überall in dem Fleiſche ſtekken.“

Zur Behandlung empfahl er in seinem Lexikon, Seifenlauge oder Enzian in die Tränke zu geben. Am besten aber sei es, die Schweine mit einer Ladung Schießpulver zu „purgieren“, d. h. ihren Darm zu reinigen. In der Mehrzahl war man früher der Meinung, daß finniges Fleisch dem Menschen nicht schädlich sei! Es erzeuge nur Widerwillen. Der oft massenweise Befall der Muskulatur mit Finnen machte das Fleisch wäßrig, unappetitlich und wertgemindert. Im Jahre 1852 konnte endlich durch den Dresdner Arzt Küchenmeister bewiesen werden, daß die bläschenförmigen Schweinefinnen die Vorstadien eines Bandwurmes des Menschen (Taenia solium) sind. Mit Hilfe der in Deutschland seit 1879 vorgeschriebenen Maßregelung finniger Schweine und dann des umfassenden Fleischbeschaugesetzes von 1900/1903 konnte diese für Schwein und Mensch sehr bedenkliche Parasitose beseitigt werden, ähnlich wie die Trichinellose. Zusätzlich war förderlich, daß man für die Verkäufer von Schweinen die Garantiepflicht für das Freisein von Finnen in Form eines „Gewährmangels" gesetzlich festgelegt hatte.

Eine Finnenbeschau gab es aber in zahlreichen Gebieten und Städten schon viel früher, sogar bereits im antiken Griechenland. Seit dem Mittelalter hatten manche Städte (z. B. Bamberg im 14. Jahrhundert) dazu „geschworene Schweineschauer". Sie hatten die lebenden Schweine bzw. deren Zungen vor dem Verkauf an die Schlächter zu beschauen, aber auch Marktwürdigkeit und Preis der Tiere zu beurteilen. Im Jahre 1346 soll das Kloster Frowenrode die Abnahme von Schweinen davon abhängig gemacht haben, daß sie „an den Zungen rein gesagt und des geschätzten Geldes wert befunden" würdcn. Seit dem 13. Jahrhundert schon hatten städtische Behörden die Maßregelung finniger Schweine und Schlachtkörper festgelegt. In Hamburg beispielsweise gab es 1375 die Festlegung des gesonderten Verkaufes finnigen Fleisches. Aus der „Pfinnbank" (in Wimpfen 1404) entstand die spätere Freibank. Im schwäbischen Nördlingen ließ man im Jahre 1466 die Schweine prüfen, ob sie „schön oder pfinnig" waren. Finnigen Schweinen mußte als äußerliche Kennzeichnung ein Ohr abgeschnitten werden. Mancherorts waren die Schweineschauer angewiesen, darauf zu achten, daß der Verkäufer eines Schweines dem auf die Seite gelegten Tier nicht auf den Schwanz tritt, während der Beschauer die Maulhöhle und die Zunge untersucht. Durch solchen Trick würden die Schweine die Finnen „an sich ziehen", so daß diese nicht zu erkennen seien. In Frankreich hatte seit der Revolution von 1789 jeder Ort einen „langueyeur" (Zungenschauer). Händler versuchten früher auch, bei finnenbefallenen Schweinen die Bläschen an der Zunge durch Einstechen mit Nadeln betrügerischerweise zum Verschwinden zu bringen, als „épinglage" (Nadelung) bezeichnet. Festgestellte feine Narben an der Zunge sollten hierauf hinweisen.

Wichtige Meilensteine für die Aufklärung der Schweineseuchen „Laufendes Feuer" und „Bräune", worunter sowohl akuter Rotlauf als auch Milzbrand und Pasteurellose zu verstehen sind, waren die Erforschung der Biologie des Milzbrandbazillus (Bacillus anthracis) durch Robert Koch (1876) und die Isolierung des Rotlaufbakteriums (Erysipelothrix insidiosa) durch Louis Pasteur. Durch die Entwicklung entsprechender Impfstoffe und die spätere Einführung der Antibiotika verloren diese Krankheiten allmählich ihre Schrecken. Ein geordnetes Tierkörperbeseitigungswesen trug zur Tilgung des auch für Menschen gefährlichen Milzbrandes bei. Es dauerte aber lange, bis sich die vorbeugende Impfung gegen Rotlauf durchgesetzt hatte.

In der 68. Auflage des schon genannten Vieharzneibuches von Rohlwes hieß es noch im Jahre 1913: *„Man sorge für Blutreinigung (durch wöchentlich einmalige Gabe eines Eßlöffels voll Glaubersalz und Salpeter), dies ist billiger als das Impfen. Wird dies beachtet, so giebt es keinen Rothlauf bei den Schweinen."*

Die um 1890 erstmals in Mitteleuropa heftig aufgetretene, aus den USA stammende Schweinepest und die Entdeckung ihrer Virusnatur (1904) sind in dem Werk noch nicht erwähnt.

Ein Herr von Renesse hatte 1897 in einem Büchlein über Schweinekrankheiten gegen Rotlauf seine selbstentwickelten „Pillen gegen Rotlauf", Tausendgüldenkraut-Tee und Rizinus-

Abb. 90. Ganzpackung nach Prießnitz als alter Therapievorschlag bei Schweinekrankheiten. Aus: Rhan, C.: Das goldene Buch des Landwirtes. Deutsches Verlagshaus Bong & Co., Berlin–Leipzig–Wien–Stuttgart 1901.

öl-Klistier den Bauern angeraten. Der Autor einer weiteren Schrift riet Ende des 19. Jahrhunderts den Bauern, zur Gesunderhaltung der Schweine diesen wöchentlich ein Gemisch aus Bryonienwurzel, rotem Bolus, Spießglanz und Teufelsdreck zu verabreichen. Wenn man sich über die Krankheit noch nicht einig sei, wären Aderlässe bzw. Schwanzkürzen und gestoßener Schwefel in die Tränke zu empfehlen. Daß gegebenenfalls die Konsultation eines Tierarztes angebracht ist, fehlt hier wie auch in manch anderem landwirtschaftlichen Fachbuch. Andere orientierten auf homöopathische Arzneigaben (z. B. gegen Milzbrand viertelstündlich Arsenicum, gegen Finnen Kalium carbonicum und Buchenholzasche), Güsse, Packungen (Abb. 90)*), Umschläge,

*) Der schlesische Landwirt und Naturarzt Vincenz Prießnitz (1799–1851) hatte eine auf praktischen Erfahrungen beruhende Kaltwasserkur bei verschiedensten Krankheitszuständen empfohlen.

Klistiere, Aderlaß. Das „Goldene Buch des Landwirtes" (Rhan, 1901) lehnte Bazillentheorie und Impfungen ab und empfahl statt dessen vernünftige Fütterung, Haltung und Pflege. Wo Disteln und Brennesseln gefüttert würden, träte die Finnenkrankheit nicht auf.

Abergläubisches und Beweisbares hielten sich noch lange die Waage, ehe sich auch in der Behandlung der Schweinekrankheiten der wissenschaftliche Fortschritt durchsetzte. Während in den bäuerlichen Tierbeständen allein Heilbehandlungen üblich waren, rückten Mitte des 20. Jahrhunderts Vorbeuge- und Hygienemaßnahmen mit dem Ziel der Gesunderhaltung und Leistungssicherung der größer werdenden Viehbestände immer mehr in den Vordergrund. Konzentration und Spezialisierung der Schweineproduktion ließen aber auch neuartige Krankheiten entstehen bzw. in den Vordergrund treten, wie z. B. die Transmissible Gastroenteritis, die Dysenterie und andere Infektionen der Verdauungs- und Atmungsorgane, Stoffwechselstörungen und Vergiftungsschäden neuer Art. Zur Gesundung der Schweinebestände entwickelte man nach 1950 in den USA und Großbritannien, dann auch in anderen Ländern, ein neuartiges Verfahren. Bei diesem SPF-Verfahren, der Schaffung von spezifisch pathogen-freien Schweinebeständen, entnimmt man die Ferkel keimfrei-operativ aus der Gebärmutter der Sau und zieht sie in isolierten Aufzuchtställen auf. Solche Ferkel und damit aufgebaute Bestände sind frei von Krankheitserregern, mit denen die Muttersau und deren Herkunftsbestand behaftet waren. SPF-Schweinebestände sind insbesondere frei von Enzootischer Pneumonie und weisen bessere Lebendmassezunahmen auf.

Heutzutage dienen dem Gesundheitsschutz der Schweinebestände und der mit Schweineerzeugnissen zu versorgenden Bevölkerung

- ☆ die regelmäßige gesundheitliche Überwachung der in größeren Beständen gehaltenen Schweine durch veterinärmedizinische Fachkräfte (dazu zählen auch Fachtierärzte für Schweineproduktion), vielfältige vorbeugende Impfungen sowie gezielte, komplexe Hygienemaßnahmen in den Stallanlagen,

- die Schlachttier- und Fleischuntersuchungen in den Schlachtbetrieben sowie die Kontrolle der Verarbeitungs- und Handelseinrichtungen durch veterinärmedizinische Fachkräfte, letzteres im Zusammenwirken mit dem Gesundheitswesen.

„Schweinische" Wundermittel

In der Vergangenheit war das Schwein auch Lieferant mannigfacher Produkte zur Anwendung am Menschen. Bei aller oftmals vorhandenen Kuriosität und Abstrusität sollte nicht vergessen werden, daß solchen „Therapieempfehlungen" gewiß viel menschliches Leid und unbewältigte Not zugrunde lagen.

Die Bewohner des alten Ägypten nahmen angeblich feingeriebenen Schweinezahn gegen Husten ein, Augen von Schweinen gegen Blindheit, Kot gegen Gefäßschwäche, Gekröse gegen Würmer. Ausgehend von der Fruchtbarkeitssymbolik des Schweines, haben nach Plinius (23–79 u.Z.) die Römer Eberhoden, Ebergalle und Knochenmark als Aphrodisiaka verspeist.

Das „Handwörterbuch des deutschen Aberglaubens" (Bächtold-Stäubli 1927–1931) vermerkt aus früheren Jahrhunderten:

Nieren und Leber eines Ferkels, das eine Sau als einziges ausgetragen hat, soll man getrocknet und gepulvert Mann und Frau in den Wein geben, „worauf sie Kinder machen sonder Zweifel". (Wahrscheinlich waren es wohl mehr der Wein und der Glauben, die stimulierend wirkten, wenn überhaupt.) Ähnlich sollten getrocknete und pulverisierte Hoden und Leber von Ferkeln, nachts getrunken, bei Männern und Frauen Zeugungs- bzw. Empfängnisunfähigkeit beseitigen. Schweinefett wird als Einreibemittel des männlichen Gliedes angeraten, Mäusefett für die Hoden (!). Anderenorts empfahl man zu Asche gebrannten und pulverisierten Schweinekot gegen Syphilis und Schmerzen am Penis. Speckschwarte benutzte man im 18. Jahrhundert, um eine Infektion mit Syphilis zu verhindern, wie aus Wien berichtet. Liebeshungrige Herren trugen ein kleines Stück davon bei sich, nicht als Talisman, sondern um sich damit vor dem Intimverkehr ihr edles Teil einzureiben. Vermutlich verschloß das Fett dabei Poren und Risse und schützte so etwas vor dem Eindringen der damals noch nicht bekannten Erreger. Der Volksmund hatte dafür ein passendes Schlagwort parat: „Ein Schwein reibt das andere, porcus porcum fricat."

Gegen Bettnässen gab es den Rat, das betroffene Kind im Schweinestall auf das Stroh urinieren und dann auf demselben kurze Zeit schlafen zu lassen. Zur Heilung dieses Leidens und anderer Harnbeschwerden sollte auch das Trinken von Harn einer „verschnittenen" (kastrierten) Sau helfen, bei Knaben weiterhin die Einnahme von Schweinegeschlechtsteilen.

In dem erwähnten Aberglauben-Handbuch wird Schweinekot sogar als Universalheilmittel für Krankheiten aller Art bezeichnet und eine Reihe weiterer Anwendungen genannt, so etwa gegen Schnapsrausch, Verstopfung, rote Ruhr, Brand, Wunden, Überbeine, Bienenstiche. Schweinekot als warmer Umschlag sollte auch bei geschwollenen, verhärteten Mammae nach dem Gebären gut sein, ebenso wie Schweinefett mit Kalk vermischt. Um den Hals gehängte Schweinezähne würden bei Kindern das Zahnen erleichtern, bei Erwachsenen das Zahnweh „an sich ziehen".

Zedlers Universal-Lexikon von 1743 empfahl:

„Die Blase (des Schweines) gepulvert und eingenommen, soll denen gut seyn, so das Wasser nicht halten können. Die Klauen zu Aschen gebrannt, und als ein Zahnpulver gebraucht, befestiget die Zähne; in Wein eingenommen, sollen sie die rothe Ruhr vertreiben, und denen gut seyn, die das Wasser nicht halten können."

„Der Koth frisch in die Nase gerieben, vertreibet die Colica (Kolik), ... auf den Magen geleget (in Baumwolle gewickelt), soll das Erbrechen stillen." Auch „die frische Schweinebrühe stillet das Erbrechen.

„Der Mist zertheilet scharf, heilet die Krätze (Räude), stillet das Nasenbluten."

Und weitere nicht sonderlich appetitliche Rezepte aus dieser Zeit:

„Schweinekoth mit Wein und Wasser vermischt, dienet zum Blutspeyen und Seitenwehe. Schweinekoth gedörrt, und mit Eßig getruncken, vertreibet das Achselwehe (Schulterrheuma?)."

„Alter Speck zerlassen und durchgeseiget, reiniget und heilet die Wunden, auch die Narben von den Blattern (Pocken). Das Schmeer erweichet, zertheilet, lindert die Schmertzen. – Die Galle reiniget und heilet die Ohrenschwüre. – Das Gehirn, den Kindern an die Gaumen gerieben, befördert das Ausbrechen der Zähne. – Die Lunge gebraten, und nüchtern gegessen, soll der Trunckenheit wehren. – Am Kopfe des Schweines um die Ohren befinden sich einige gantz weisse mürbe Beinlein (Knöchelchen), die eine besondre, und bis daher heimlich gehaltene Kraft wider die fallende Sucht (Epilepsie) haben".

Im Mittelalter glaubte man, Epileptikern auch mit dem Blut von Erhängten und von Schweinen helfen zu können.

Um ein Kind von Keuchhusten zu befreien, sollte man es vor Sonnenaufgang in den Schweinestall führen und in den Schweinetrog beißen lassen. Der Riegel an der Buchtentür sollte gleichfalls heilende Kraft haben. Gegen das Vertreiben von Warzen wurde ebenfalls eine Reihe von Verfahrensweisen im Schweinestall beschrieben. Der Darm eines frisch geschlachteten Schweines, um den Leib des Kranken gewickelt, helfe gegen Kurzatmigkeit.

Diese Beispiele mögen genügen. Man kann hieraus manche Verzweiflung Kranker, damaliges Unwissen der Mediziner und dadurch geförderte abergläubische Hoffnungen und Handlungen sowohl der Patienten als auch der Therapeuten ablesen. Es zeigt aber auch die hohe Wertschätzung des Schweines als Heilmittellieferant, teils aus Aberglauben, teils vielleicht auch aus der lange bekannten anatomisch-physiologischen Ähnlichkeit zwischen Schwein und Mensch.

Das Schwein in der Botanik

Die Zahl der Pflanzen, die auf Schweine Bezug nehmende Bezeichnungen trugen oder noch tragen, ist nicht klein. Ursachen hierfür konnten äußere Ähnlichkeiten mit Schweinen oder Teilen von diesen sein. Ein anderer Hintergrund waren die Nutzung als Futter- oder Heilpflanzen und das Auslösen von Vergiftungserscheinungen bei Schweinen. Von Eberwurz, Eberfarn und Eberesche glaubte man, daß sie Zauberwirkung besitzen bzw. vor Zauber schützen.

Heute noch übliche Namen sind:

- Saubohne (Vicia faba), Ackerbohne, ein einweißreiches, zu den Schmetterlingsblütengewächsen gehörendes Schweinefuttermittel.
- Schweinsohr (Calla palustris), Sumpf-Schlangenwurz (Aronstabgewächse). Auch der Pilz Gomphus clavatus trägt diesen Namen.
- Schweinsrübe (Stachys palustris), Sumpf-Ziest (Lippenblütengewächse).
- Ferkelkraut (Hypochoeris-Arten), ein früher in der Volksmedizin verwendetes, zu den Korbblütengewächsen zählendes Kraut.
- Eberwurz (Carlina acaulis), Saudistel, Silberdistel, Wetterdistel (Korbblütengewächse). Die aromatische Wurzel wurde früher in der Tierheilkunde arzneilich genutzt.
- Eberraute (Artemisia abrotanum), Stabwurz, Zitronenkraut (Korbblütengewächse), heimisch im Mittelmeergebiet.

Abb. 91. Epilobium angustifolium (Schmalblättriges Weidenröschen), früher als Heilmittel gegen Schweinerotlauf angepriesen. Foto: Karin Liebenow, Berlin.

Früher trugen noch weitere Pflanzen „Schweine"-Bezeichnungen:

☆ Saurüssel, Sauschnabel, Saunelke, Schweinerösl (Taraxacum officinale), Löwenzahn (Korbblütengewächse), Knospen sollen ähnlich wie Schweinerüssel aussehen.

☆ Sauohr (Sempervivum tectorum), Dach-Hauswurz (Dickblattgewächse), die Blätter sind ähnlich dick wie Schweineohren.

☆ Schweinsauge, Sauauge (Paris quadrifolia), Einbeere, Teufelsbeere (Liliengewächse), früher in der Volksmedizin verwendet.

☆ Saubrot, Schweinebrot (Cyclamen europaeum), Alpenveilchen (Primelgewächse). Die Knollen wurden gern von Schweinen gefressen.

☆ Schweinsbohne (Aconitum napellus), Blauer Eisenhut (Hahnenfußgewächse).

- ✡ Schweinskraut, Antoniuskraut (Epilobium angustifolium), Schmalblättriges Weidenröschen, Wald-Weidenröschen (Nachtkerzengewächse), sollte gemäß der alten Signaturenlehre (Ähnlichkeit der Farben, Chromoanalogie) gegen den Rotlauf helfen (Abb. 91).
- ✡ Schweinswurz (Helleborus niger), Nieswurz, Christrose (Hahnenfußgewächse). Der Wurzelstock wurde früher auch als Heilmittel gegen Schweinekrankheiten eingesetzt.
- ✡ Saukraut (Scrophularia nodosa), Knotenbraunwurz (Braunwurzgewächse). Die Pflanze galt als Mittel gegen Rotlauf und für die Wundheilung. Auch das giftige Schwarze Bilsenkraut (Hyoscyamus niger, Nachtschattengewächse) trug orts- und zeitweise diesen Namen.
- ✡ Sautod (Solanum nigrum), Schwarzer Nachtschatten. Nach Aufnahme dieses ebenfalls stark giftigen Nachtschattengewächses sollten sich die „Schweine wie von tollen Hunden gebissen" verhalten. Im Dänischen werden diese Pflanzen svineurt (Schweinekraut) und ihre schwarzen Früchte sobaer (Saubeeren) genannt.
- ✡ Saukirsche (Atropa belladonna), Tollkirsche (Nachtschattengewächse).

Schweinefreud und Schweineleid

Mit der Züchtung und Nutzung der Haustiere entscheidet der Mensch über deren Wohl und Wehe. Leider mußten die Schweine früher oft unter außerordentlich schlechten Bedingungen leben, wie Berichten aus der Vergangenheit zu entnehmen ist. Vor allem im Winterhalbjahr hielt man sie in beengten, dunklen und feuchten Unterkünften, vielfach bei gleichzeitig mangelhafter Fütterung. Hier wurden sie wirklich zu „Dreckschweinen". Das begünstigte zweifellos das Entstehen von Krankheiten. Im Jahre 1899 hatte ein Tierarzt zu Schweineerkrankungen unter anderem geschrieben: *„Die alten Stallungen in den Dörfern sind häufig mehr Höhlen als Ställe".* Auslauf und Waldweide ab Frühjahr waren dann Erholungskuren von solchen Haltungsqualen. Auch heute gibt es mancherorts noch unbefriedigende Unterkünfte für die Schweine. Die materiellen Bedingungen der einzelnen Länder, Orte, Betriebe und Bürger spielen wohl die größte Rolle, aber auch das ethische Bewußtsein der Menschen, die „Haustiere" unter ihre Obhut genommen zu haben, ist von Einfluß.

In den letzten Jahrzehnten hat man in zahlreichen Ländern moderne Stallanlagen errichtet, aus der Erkenntnis, daß nur optimale Umweltbedingungen hohe Leistungen der Tiere (Wachstum, Futterverwertung, Aufzuchtergebnisse usw.) ermöglichen und sich nur in konzentrierten Tierbeständen mit Hilfe der Technik hohe Arbeitsproduktivität und gute Arbeitsbedingungen für die Tierbetreuer herbeiführen lassen. Die verringerte Arbeitskräftezahl in der Landwirtschaft und die ausreichende Versorgung der zahlenmäßig wachsenden städtischen Bevölkerung verlangen dies einfach. Demzufolge haben sich vielerorts die Umwelt- und Lebensbedingungen für die Schweine äußerlich verbessert. Über Art und Grad der notwendigen Tierkonzentrierung und der Technisierung kann man unterschiedlicher Meinung sein. Ob damit auch der Umgang der Menschen mit den Schweinen besser wurde, ist eine andere Frage. Sicher ist in kleinen Tierbeständen, wie bei früherer bäuerlicher Haltung oder jetzt bei nebenberuflicher, „individueller" Schweinehaltung, eher ein individuelles Ansprechen der Tiere mit genauem Beobachten ihres Verhaltens möglich. In den konzentrierten Großbeständen, wo sich in den einzelnen, oft nur von einer Arbeitskraft betreuten Ställen hunderte bis tausende Schweine befinden, gerät das Schwein dagegen leicht in die Rolle einer anonymen „Freß- und Fleischansatzmaschine". Als Individuum fällt das Tier nur auf, wenn es anormal reagiert oder erkrankt und tierärztlich behandelt oder selektiert werden muß. Mit Zuchtebern und Zuchtsauen wird zumindest zeitweise individuell umgegangen, bei Sauen beispielsweise zur Zeit der Anpaarung und vor dem Ferkeln bis zum Absetzen der Ferkel.

Oft und viel wird diskutiert und geschrieben, was wir alles von den Schweinen brauchen, welche Stückzahlen und wie viele Dezitonnen, welche Einnahmen und Kostensätze. Zu wenig wird noch an die leistungsbeeinflussenden Bedürfnisse unserer Hausschweine gedacht und noch weniger an die ethologischen Parameter. Sicher werden wir nicht alle „Wünsche" dieser Tiere erfüllen können, wie langes Leben, Haltung in kleinen Gruppen und Beständen mit Auslauf, vielseitigem und abwechslungsreichem Futter und individueller Betreuung. Zu fordern ist aber, daß überall bestimmte, wissenschaftlich begründete Normen der Haltung und Fütterung, der Pflege und Hygiene, die von den arteigenen Bedürfnissen der Schweine ausgehen, eingehalten werden. Es sollte gewährleistet sein, daß die Tiere unter solchen Bedingungen gehalten werden, unter denen sie sich einigermaßen wohlfühlen. Dieses Wohlbefinden ist eine nicht unwesentliche Voraussetzung für die von den Tieren erwarteten hohen Leistungen, für geringe Erkrankungs- und Verlustraten und für hohe Arbeitsproduktivität. Es kann auch als Grundbedingung des Tierschutzes angesehen werden.

Ohne geltende Rechtsbestimmungen anführen zu wollen, soll hier auch noch folgendes angemerkt werden: Jeder, der Tiere hält, ob staatlicher, genossenschaftlicher oder privater Betrieb bzw. Tierhalter, hat nicht nur für diese Tiere selbst Verantwortung übernommen. Er muß gleichzeitig dafür sorgen, daß durch die Tiere bzw. durch die Tierhaltung nicht die Umwelt geschädigt und andere Bürger nicht gefährdet oder unzumutbar belästigt werden. Sowohl hierzu als auch zur Tierseuchenprophylaxe gehören Ordnung, Sauberkeit, Hygiene, ordnungsgemäße Abproduktbeseitigung und Schädlingsbekämpfung in der Tierhaltung.

Jeder, der Schweine halten bzw. mit ihnen umgehen will oder soll, muß natürlich dazu Lust und Liebe mitbringen und die wichtigsten Eigenschaften und Verhaltensweisen der Schweine kennen. Die folgende Aufzählung erhebt keinen Anspruch auf Vollständigkeit.

Schweine haben:

ein hervorragendes Hör- und Riechvermögen;

✡

ein gutes Geschmacks- und relativ gutes Sehvermögen;

✡

ein gutes Gedächtnis und Lernvermögen.

Schweine lieben:

Geselligkeit und das Leben in Gemeinschaft, d. h. gruppenweise Haltung;

✡

Futteraufnahme in Gesellschaft anderer Schweine, pünktliches Füttern und ausreichendes Tränken;

✡

ausreichende Ruhe- und Schlafperioden;

✡

trockene, nicht zu kalte und nicht zu warme, nicht zu beengte Liegeplätze, möglichst mit Einstreu;

✡

Suhlen in nassen Bodensubstraten, vor allem bei erhöhten Umgebungstemperaturen, Wühlen im Erdreich, auch unangenehme Gerüche und Aufnahme zersetzter Substanzen;

✡

von den sie betreuenden Menschen freundlich angesprochen und behandelt zu werden.

Schweine lieben nicht:

Unruhe, Lärm, schnell getrieben oder länger gejagt zu werden;

✡

an Ohren, Beinen oder Schwanz angefaßt und gehalten zu werden;

✡

in zu großen Gruppen gehalten zu werden;

✡

das Entfernen von Schweinen aus ihrer Gruppe oder Zustellen anderer Schweine in ihre Gruppe (Störungen der Sozial- oder Gruppenrangordnung).

Schweine sind im allgemeinen neugierig, aber auch schreckhaft. Auf plötzlichen Schmerz, auch bei Erschrecken und Panik, reagieren sie oft mit lautem Schreien. Schweine zeigen Wohlbefinden an, wenn sie beispielsweise mit abgestreckten Beinen auf der Seite liegen und ab und zu wohllautendes Grunzen hören lassen. An ihren Lautäußerungen kann man übrigens verschiedene Verhaltenszustände erkennen. Unruhe der Tiere, Liegen auf dem Bauch mit angezogenen Beinen oder übereinander, Vermeiden des Hinlegens, gesträubtes Haarkleid und ähnliches deuten vielfach auf Haltungs- und Fütterungsmängel oder andere äußere Störungen hin, möglicherweise aber auch auf eine Krankheit.

Schweine bevorzugen an sich Reinlichkeit und Trockenheit ihrer Liegeplätze, sie legen sich nicht so gern in den eigenen Kot. Haben sie genügend Platz, halten sie ihren Liegebereich auch sauber. Sollten sie sich trotzdem in Nässe, Kot oder Tröge legen, muß daran gedacht werden, daß ihre Liegeflächen oder Umgebung eventuell zu warm (Sommer), vielleicht auch die Gruppen zu groß sind. Aus dem Bedürfnis nach Kühlung und nach Hautreinigung suhlen sich Schweine gern in feuchter Erde, Tümpeln oder dergleichen. Größere Tiere vertragen im allgemeinen Hitze schlechter als Kälte. Schweine können bekanntlich nicht recht schwitzen, ihre Hautfettschicht behindert auch ein Abstrahlen überschüssiger Körperwärme. Ferkel benötigen aber ausreichend Wärme.

Zur Vereinfachung des früher arbeitsaufwendigen Entmistens der Schweineställe hat sich vielfach die einstreulose Haltung auf Spaltenböden bzw. -rosten durchgesetzt, mit unterfluriger Abfuhr der Gülle (Flüssigmist). Man mußte aber auch einsehen, daß bei Vollspaltenbodenhaltung der ständige Aufenthalt der Schweine auf kühlen Metall- oder Betonspaltenelementen und über ihren Exkrementen Wohlbefinden und Leistungen beeinträchtigt. Folge einer solchen einstreulosen Haltung ist unter anderem das häufiger beobachtete Schwanzbeißen mit seinen negativen Auswirkungen (Kannibalismus). Dieser Verhaltensanomalie begegnet man zumeist durch Kupieren der Schwänze gleich nach der Geburt. Die vorher erwähnte Großbestandshaltung mit „industriemäßigen" Bedingungen für Tiere und Menschen erlaubt kaum noch eine Einstreuhaltung, höchstens für säugende Sauen. Trotzdem gilt nach wie vor die alte bäuerliche Erfahrung, daß gute Einstreu (Stroh bzw. Strohhäcksel) das Wohlbefinden der Schweine und deren Zunahmen deutlich verbessert. Die Tiere vertragen dabei auch niedrige Umgebungstemperaturen leichter. Einstreulose Haltung stellt somit höhere Anforderungen an die Stallklimabedingungen (Heizung usw.).

Wie schon erwähnt, mögen es die Schweine, Eber ausgenommen, wie ihre wilden Verwandten und Vorfahren in kleinen Gruppen zu leben, in denen jeder den anderen kennt und respektiert, also in sozialen Gemeinschaften mit relativ stabiler Rangordnung. In der Nutzschweinhaltung bedeutet das Gruppen von 8 bis 12 Schweinen je Bucht. In der modernen Schweinehaltung wird wohl ein großer, leistungsmindernder Fehler begangen, wenn beim Absetzen der Ferkel von der Muttersau, beim Umsetzen der Jungschweine (Läufer) in die Mast- oder Jungsauenställe, oft auch noch danach, diese Gruppengemeinschaften zerstört werden. Sie werden auch gestört, wenn einzelne Tiere der jeweiligen Gruppe aus unterschiedlichem Grund entnommen oder zugefügt werden. Vermutlich wären noch bessere Zunahmen und Futterverwertung sowie weniger Streß zu registrieren, wenn diese Gruppengrößen und das Ungestörtbleiben der Gruppen besser beachtet würden. Dazu gehört auch das Vermeiden wiederholter Umsetzungen der Schweine in andere Ställe oder Betriebe mit Durchmischen der Tiere, mit neuen Gruppenbildungen und Rangordnungskämpfen, ebenso das Vermeiden beengter Haltung (zu große Besatzdichten).

In den letzten Jahren hat sich die Erkenntnis durchgesetzt, daß die spezifischen Verhaltensweisen und -bedürfnisse der Tiere noch mehr beachtet werden müssen. Andererseits ist es auch nicht das Optimum, nur ein einziges Schwein zu halten, z. B. in Privathaushalten; dann schon besser zwei oder drei. Geselligkeit fördert Appetit und Massezunahmen. Einzeln gelassene Schweine können sogar „trauern", mit fehlendem Appetit und herabhängendem Schwanz.

Daß unnötiges Schmerzzufügen und Tierquälerei auszuschalten sind, sollte eine Selbstverständlichkeit sein. So haben beispielsweise Schläge und Lärmerzeugung beim Transportieren von Schweinen zu unterbleiben. Ebenfalls eignet sich nicht das Anwenden elektrischer Viehtreibestäbe für die sensibler gewordenen Fleischschweine. Die Treibwege müssen so gestaltet, beleuchtet und bewirtschaftet werden, daß die Schweine allein dorthin laufen, wohin man sie haben will, eventuell drückt man mit einem Treibgitter nach. Überhaupt sollte ein richtiges Umgehen mit den Tieren oberstes Gebot sein.

Mancherorts hat man gute Erfahrungen damit gewonnen, mittels ausgewählter Geräusche, z.B. Musik, die Schweine zu beruhigen und in „Wohlstimmung" zu versetzen. Hieraus sollen bessere Körpermassezunahmen resultieren. So berichtete man schon um 1825 aus Mexiko, daß dort in manchen Ställen ständig junge Indianer sangen. Ergebnis dessen sei es gewesen, daß die 800 bis 1000 sehr sauber in großen Ställen gehaltenen Schweine sich besser mästen ließen. Nach Zeitungsinformationen aus dem Jahre 1986 hat im USA-Staat Iowa ein Futtermittelhändler in Schweineställen computergesteuert Liebesgedichte rezitieren lassen und damit die Schweine angeblich „glücklich" gemacht; zufriedenes Grunzen und bessere Futterverwertung wären ihre Antwort gewesen; ein spleeniger, für den Händler aber gewiß profitabler Einfall. Der in einzelnen modernen Schweineanlagen zu beobachtende Lärm durch Lüftungs- und Fütterungseinrichtungen dürfte sich nicht positiv auswirken. Sauen nehmen hier beispielsweise nicht mehr die Warnlaute ihrer Ferkel wahr und erdrücken eventuell einzelne ihrer Jungen.

Im Ergebnis der Domestikation ist es beim Hausschwein im Vergleich zum Wildschwein zu einer Verringerung der Gehirnmasse um durchschnittlich 34 Prozent gekommen (bei anderen Haustieren liegen die entsprechenden Werte zwischen 20 und 26 Prozent). Dennoch besitzt das Schwein noch genügend „Intelligenz", wie Zirkusdressuren und anderes zeigen. Die physiologischen Gegebenheiten und die Reaktionsweisen haben sich infolge der Domestikation nicht grundlegend geändert, sondern nur quantitativ als Ergebnis der von den Menschen geschaffenen neuen ökologischen Bedingungen.

Schweineliebe und Schweinehaß

Aus Vergangenheit und Gegenwart kennen wir Beispiele, daß Menschen zu einzelnen Schweinen enge freundschaftliche Beziehungen entwickelt haben. Manchmal arteten solche Neigungen allerdings in Haltungs- und Umgangsformen aus, die den Bedürfnissen des Schweines in keiner Weise entsprechen. Der „Schweinehalter" wollte als besonderer Tierliebhaber um jeden Preis auffallen. Als Gegensatz zu dieser Hyomanie werden Fälle beschrieben, bei denen Menschen Schweine wie Verbrecher behandelten.

Schweine-Enthusiasten machten einzelne Schweine zu Hausschweinen besonderer Art. So soll der französische Schriftsteller, Sonderling und Feinschmecker Balthazar Grimod de la Reynière (1758–1837) bei einem prunkvollen Diner bei Tisch ein lebendes Schwein präsidieren haben lassen, und zwar aus Dankbarkeit dafür, daß seine Familie durch den Handel mit Schweinen reich geworden war. Eine andere Quelle berichtet, daß dieser Adlige seine Schweineliebe derart herausstellte, daß er ständig ein gewaschenes und parfümiertes Schwein um sich hielt. Es lief neben ihm her, wenn er in seinem Schloßpark lustwandelte oder ausfuhr. Bei Tisch erhielt es als „Leibschwein" besonders gute Happen zugesteckt. Vor anderen Schweinen soll der Herr Marquis zum Gruß den Hut gezogen haben.

Von einzelnen Schweineliebhabern erzählt auch der englische Tierarzt James Herriot („Der Doktor und das liebe Vieh") in seinen Erinnerungen aus der Zeit um 1938; so von einer reichen, älteren Dame, die neben ihrem Pekinesen ein

Ferkel in ihrer eleganten Wohnung halten wollte. Nach einer „gründlichen Untersuchung" des gesunden Ferkels mit Namen Nugent gelang es ihm, Mrs. Pumphrey davon zu überzeugen, daß Nugent draußen viel glücklicher und gesünder leben würde. So siedelte das männliche Ferkel aus einem Pappkarton in der komfortablen Küche in einen eigens für ihn errichteten luxuriösen Stall im Garten um. Jeden Tag wurde Nugent für eine Stunde herausgelassen, um mit dem Hündchen Tricki im Garten herumzutollen. Herriot weiter: *„Kurz, Nugent hatte den Himmel auf Erden. Er war aber auch ein entzückendes Tierchen. Zwar sind die meisten seiner Artgenossen überaus anhänglich, doch bei ihm war dieser Zug bis zu einem ungewöhnlichen Grad entwickelt. Er hatte Menschen einfach gern, und in den folgenden Monaten trug der ständige Kontakt mit Menschen dazu bei, diese Vorliebe zu fördern. Oft sah ich ihn mit Mrs. Pumphrey im Garten umherspazieren. In seinem Verschlag stand er die meiste Zeit aufrecht, die Füße gegen das Drahtgeflecht gestemmt, und wartete begierig auf den nächsten Besucher. Schweine wachsen schnell, und bald hatte Nugent das rosafarbene Babystadium hinter sich gelassen, aber sein Charme blieb unvermindert. Am liebsten hatte er es, wenn man ihm den Rücken kratzte; er grunzte dann tief, verdrehte ekstatisch die Augen und knickte immer mehr in den Knien ein, bis er schließlich umkippte."* Eine weitere Konsultation des Tierarztes Herriot wurde notwendig, als Mrs. Pumphrey das Wasserlassen des Schweines mit unterbrochenem Harnstrahl (bei männlichen Schweinen üblich) für eine Prostataerkrankung hielt.

Ferner berichtet Herriot vom Besitzer eines Gasthofes, dem seine sechs Zuchtsauen mehr bedeuteten als seine Schankgäste. Während Tierarzt Herriot eine schmerzhaft erkrankte Klaue der Sau Queenie behandelte, kniete Gastwirt Worley *„die ganze Zeit neben Queenie, streichelte sie und flüsterte ihr unverständliche Worte ins Ohr – es war vermutlich die Schweinesprache, denn die Sau schien ihm mit leisen*

Grunzlauten zu antworten. Jedenfalls half das besser als jedes Betäubungsmittel, und alle waren glücklich und zufrieden, auch die lange Reihe der Ferkel, die eifrig an den Zitzen saugten." Entgegen den Prophezeiungen der alteingesessenen Bauern warfen des Gastwirts Sauen *„Ferkel von beispielloser Größe und zogen sie voller Liebe auf. So passierte es mit unheimlicher Regelmäßigkeit, daß Mr. Worley am Ende von acht Wochen zwölf Schweinchen zum Markt bringen konnte."*

Folgende Erlebnisse aus dem Jahre 1985 erzählte der Tierarzt Dr. Horst Lenz dem Verfasser.

In Zehdenick/Havel hatte der Gastwirt S. beim „Ferkelgreifen" ein Absetzferkel gewonnen. Es wuchs im wiederhergerichteten Stall der Gastwirtschaft auf und zur Sau „Frieda" heran, in freundschaftlicher Gesellschaft mit der sechsjährigen Boxerhündin des Hausherrn. Oft schlief die Hündin neben Frieda in der Schweinebucht. Mit beiden machte S. öfters Spaziergänge in der Umgebung. Dabei lief auch die Sau frei umher. Wenn es zum Spaziergang losgehen sollte, sprang Frieda auf den Ruf von S. hin flink über die Wand ihrer Bucht und lief freudig grunzend ins Freie. Einige Male hat sie Anglern die Köder und gefangenen Fische aus Gläsern und Eimern weggenascht. Gegenüber hoffremden Besuchern und Kindern verhielt sich das Schwein ähnlich einem Wachhund, sicher von der Hündin abgesehen: Sie lief grunzend und scheinbar aggressiv auf solche zu, stoppte aber kurz vor ihnen und drehte dann ab. So lebte Frieda eigentlich ein unbeschwertes Schweineleben. Nach 1½ Jahren mußte sie dann aber doch als stattliche Schweinedame den letzten Weg der meisten Schweine antreten und sich den fleisch(fr)essenden Menschen opfern.

In dem Betrieb M. hatte der Schweinepfleger J. die Jungschweine zu betreuen. Einmal war ihm eines der Tiere besonders zugetan. Wenn J. morgens oder nachmittags den Stall betrat, wurde er von diesem besonders weit durch das Buchtengitter hindurchschauenden Läufer laut grunzend be-

grüßt. Beide unterhielten sich dann sprechend bzw. grunzend. Es lernte auf den Namen Karl-Heinz zu hören, sich auf Zuruf hinzusetzen und auf die eine oder andere Seite hinzulegen. Als Anreiz und Belohnung hierfür verzehrte Karl-Heinz im Laufe der Zeit eine Reihe von Päckchen Würfelzucker. Wegen dieser Zuneigung behielt J. seinen Freund einige Monate länger in seinem Stall, eigentlich entgegen der Stallordnung. Als J. in Urlaub fuhr, gab der vertretende Tierpfleger aber Karl-Heinz mit in den Maststall. Dort besuchte J. ihn noch häufiger und hielt mit Zuckerstückchen die Freundschaft weiter aufrecht.

Im Jahre 1986 berichtete die Presse aus den USA, daß es in South Carolina eine sogenannte Schweineschnauzengesellschaft mit rund 500 Mitgliedern gibt. Sie hätte das Ziel, das Hausschwein in seinem Ansehen zu heben (soweit stimmt der Verfasser zu) und als gleichberechtigten Hausgenossen zu betrachten. Bei einem jährlich veranstalteten Schweineball gebe es unter anderem auch einen Wettbewerb im Schweineküssen. Auch in anderen USA-Staaten sei das Schwein zum Modetier geworden. Diese Hyomanie äußert sich auf Postkarten, Topflappen, T-Shirts. Den 1. März habe man zum National Pig Day erklärt. Es werden Beispiele einzelner Schweinefanatiker beim Umgang mit ihren neuartigen Hausgenossen zitiert, wie gemeinsamer Genuß von Muscheln, Champagner und Fernsehprogrammen sowie Schwimmenlernen der Schweine. „Stubenreinheit“ sollen Schweine relativ schnell erlernen. Leider geht daraus nicht hervor, wie solche überzogene Schweineliebe bei zunehmender Körpermasse und höherem Alter der Tiere oder bei Nachlassen des Interesses der „Liebhaber“ endet.

In Frankreich gibt es einen Wettbewerb im Schweinegrunzen, nicht für Schweine, sondern für „Schweineliebhaber“. Im Jahre 1987 wurde ein Lehrer aus Biarritz französischer Meister in solchem Schweinegrunzen unter 14 Wettbewerbsteilnehmern in einem Pyrenäendorf. Wie mitgeteilt, bestach er besonders in der Disziplin „Grunzen des Ebers beim Bespringen".

Ein vernünftiges Verhältnis des Menschen zum Schwein sollte durch eine nicht gefühlsbetonte, aber auch nicht lieblose Einstellung gekennzeichnet sein. Dazu gehört das Vermeiden extremer, individualistischer „Schweineliebe" oder „hyomanischer" Spielereien und Verstiegenheiten. Das Schwein sollte man nicht einem Stubenhund oder einer Hauskatze gleichsetzen. Daß emotionale und verstandesmäßige Zuneigung zu Schweinen und intensive Beschäftigung mit den Tieren zu außerordentlich wichtigen, neuen Erkenntnissen in der Verhaltensforschung und in angewandten Bereichen (Jagdwesen, Landwirtschaft u. a.) führen können, beweisen die langjährigen Studien des Schwarzwildliebhabers und -forschers Dr. Heinz Meynhardt aus Burg bei Magdeburg, der sich selbst als „Wildschwein ehrenhalber" bezeichnete. Seit 1973 verbrachte er unzählige Stunden in engem Kontakt mit Wildschweinen und stellte zur Sozialordnung, Individualerkennung, Fortpflanzungsbiologie und zu anderen Verhaltensparametern umfangreiche Untersuchungen an. Durch seinen „Schwarzwildreport", andere Veröffentlichungen und Fernsehfilme ist dieser engagierte Forscher in vielen Ländern bekannt geworden.

Ein trauriges Kapitel im Umgang mit Schweinen stellen die aus früheren Jahrhunderten dokumentierten Schweineprozesse dar. Beispielsweise kam im Jahre 1386 in Frankreich ein Eber vor Gericht, weil er einen Mann gebissen hatte, der danach an Wundsepsis starb. Das Schwein erhielt von dem zuständigen Richter aus Valence sur le Rhône eine Anklageschrift und einen Verteidiger zugestellt, wie ein menschlicher Straftäter. Es wurde zum Tode verurteilt, in menschlicher Kleidung auf den Marktplatz geführt und erhängt. Ebenfalls in Frankreich kam 1457 eine Sau mit ihren sechs Ferkeln vor Gericht. Sie sollte ein kleines Mädchen getötet und dann teilweise „verzehrt" haben. Die Sau verurteilte man ebenfalls zum Tode. Ihre Ferkel wurden wegen Minderjährigkeit und wegen Mangels an Beweisen freigesprochen, an dem schauerlichen Mahl beteiligt gewesen zu sein. Solche Schweineprozesse hat es anscheinend in Frankreich und in Nordamerika bis ins 18. Jahrhundert gegeben, sicher aber auch anderswo. Aus Bergheim bei Köln ist eine derartige Schweineverurteilung ebenfalls bekannt geworden. Im Jahre 1582 soll dort ein Schwein ein Kind getötet haben. Das Tier wurde nach gerichtlicher Verurteilung gerädert.

Wenn die betroffenen Schweine hier scheinbar als Individuen oder „Persönlichkeiten" rechtlich behandelt wurden und nicht als „Sache", so sprechen aus der Ernsthaftigkeit jenes Vorgehens doch ein über alle Maßen dogmatisches Unverständnis für tierisches Verhalten und juristische Borniertheit. Nach den echten Ursachen des angeklagten Fehlverhaltens hat sicher niemand geforscht. Kommen Kannibalismus und Aggressivität bei Schweinen vor, liegen den Entgleisungen überwiegend vom Menschen verursachte falsche Ernährung und Haltung sowie ein nicht tiergerechter Umgang zugrunde.

Geschichten vom Schwein

Aus fast allen Kulturkreisen der Erde, von der Antike bis in die Gegenwart, aus Mythologie und Realität liegt eine Fülle von Erdachtem und Erlebtem in Form von Sagen, Märchen, Anekdoten, Fabeln, Schnurren, Chroniken, Gedichten und Berichten vor. Nur eine bescheidene Auswahl von Texten, teilweise gekürzt, sei dem geneigten Leser hier zur vergnüglichen Lektüre vorgestellt.

Kirke verwandelt Männer in Schweine

Aus der „Odyssee" wurde schon über den Schweinebestand des Odysseus, seinen Schweinemeister Eumaios, über Schlachten und Opfern eines seiner Schweine berichtet.

Während seiner langjährigen Irrfahrt gelangte Odysseus mit seinem Schiff auch zur Insel Aia, wo die schöne, zauberkundige Göttin Kirke lebte. Beim Begrüßungsmahl verwandelte sie 23 seiner Begleiter, bis auf einen, mit Zauberkräutern in Schweine. Nach Berühren mit ihrem Zauberstab wuchsen ihnen große Schweineköpfe, und Borsten bedeckten ihren Körper. Aber ihr menschliches Bewußtsein hatten sie behalten. Kirke trieb sie in ihren Schweinestall und warf ihnen Eicheln zum Fressen vor. Als nun Odysseus selbst zu Kirkes Haus wollte, gab ihm unterwegs der Götterbote Hermes ein Gegenmittel gegen Kirkes Zauber. Sie begrüßte ihn mit einem Becher ihres Zaubertrankes, berührte ihn mit ihrem Zauberstab und rief: „Geh in den Schweinestall und leg dich zu den anderen". Da ihr Zauber nicht wirkte und Odysseus sie mit dem Schwert bedrohte, warf sie sich ihm zu Füßen und lud ihn zu Lager und Liebe ein. Er zwang sie zum Schwur, ihn nicht seiner Mannbarkeit zu berauben. Bevor er mit ihr speiste und dann ein Jahr lang Haus und Lager teilte, veranlaßte er sie, seine Freunde zu erlösen. Kirke öffnete den Stall, trieb seine verzauberten Gefährten heraus, die neunjährigen Mastschweinen glichen, und bestrich ihren Rücken mit einer Salbe. Da fielen ihre Borsten ab, und sie nahmen wieder menschliche Gestalt an. Und sie waren jünger und schöner als zuvor.

Die Adonis-Sage

Dem als Vegetationsritus einzustufenden Adoniskult der griechischen Antike liegt die Dialektik von Werden und Vergehen, Leben und Tod zugrunde. Als destruktive Kraft, die aber letztlich neu erblühendes Leben zeugt, tritt der Eber in Erscheinung.

Der wegen seiner Schönheit von der Göttin Aphrodite geliebte Jüngling Adonis wurde bei der Jagd von einem Eber tödlich verwundet. Aus dem Blut des vom Eberzahn Getroffenen entsproß die „liebliche Anemone" (das Adonisröschen). Durch Fürsprache der Göttin durfte Adonis aber zeitweilig aus der Unterwelt in die Götterwohnung der Aphrodite zurückkehren.

Die im Frühling oder Hochsommer angesetzten Adonisfeiern bestanden teils aus einer Trauerfeier über den Tod des Adonis, teils aus einem Freudenfest über seine Rückkehr aus der Unterwelt.

Der Kalydonische Eber

Die mythisch-sagenhafte Geschichte über den Kalydonischen Eber und sein Erlegen hat der römische Schriftsteller Ovid (43 v. u. Z. – 17 u. Z.) erzählt.

Oeneus, König von Kalydon in Nordwestgriechenland, hatte eines Jahres nach der Ernte verabsäumt, auch der Göttin Artemis, Göttin der Fruchtbarkeit, zu opfern. Aus Rache dafür entsandte sie einen großen Keiler, der Oeneus' Äcker zerstörte und Weinstöcke, Olivenbäume und Schafe attackierte. Eine

Reihe von Helden des altgriechischen Mythos versammelte sich daraufhin, um diesen furchtbaren Eber zu erlegen. Manche von ihnen starben beim Kampf mit ihm, andere bei den anschließenden Streitereien über die Beute, darunter auch der letztendliche Erleger des Keilers, Oeneus' Sohn Meleagros.

Hier nun Ovids Beschreibung des Keilers aus den „Metamorphosen" (in der Übersetzung von Suchier):
„Sprühend in Feuer und Blut ist der Blick;
starr sträubt sich der Nacken (aufrecht stehen gesträubt wie starrende Lanzen die Borsten);
über die Breite der Brust fließt nieder mit heiserem Zischen
kochender Schaum; vorstehn gleich indischen Zähnen die Hauer;
Blitzstrahl fährt von dem Maul, und das Laub wird brennend vom Anhauch.
Bald in den Halmen zertritt die sprossenden Saaten der Eber,
auch mäht er hinweg den Segen des klagenden Landmanns
schon früh und zerstört in den Ähren das Brot, und die Tenne
harret umsonst und der Speicher umsonst der verheißenden Ernte.
Niedergestampft wird samt dem Geranke die schwellende
Traube und mit den Ästen die Frucht der beständig belaubten Olive.
Auch an den Schafen erweist er den Grimm. Nicht können sie schützen
Hüter und Hund noch auch wutschnaubende Stiere, das Hornvieh.
Rings eilt flüchtiges Volk, und es glaubt sich nirgends gesichert
als in den Mauern der Stadt, bis mit Meleagros zusammen
sich die erlesene Zahl ruhmgieriger Jünglinge scharte."

Von den römischen Schriftstellern Plinius dem Älteren und Claudius Aelianus ist folgende Geschichte überliefert:

Piraten hatten nach Anlandgehen eine Herde Schweine ge-

raubt und auf ihr Schiff getrieben. Dann stachen sie wieder in See. Die Schweinehirten, die sich vor Angst versteckt hatten, liefen hinterher. Vom Ufer, von dem aus sie das Räuberschiff mit ihren Schweinen noch sehen konnten, riefen sie laut nach ihren Schweinen, wie sonst auf der Weide. Die Schweine stürzten sich daraufhin auf die dem Ufer zugewandte Seite des Schiffes und brachten dieses dadurch zum Kentern. So konnten sie zurück ans Ufer zu ihren Betreuern schwimmen. Die Diebe sollen dabei ertrunken sein.

Aus der Kaisergeschichte des alten Roms kennen wir die Fama, daß dem Offizier Diocles einst eine Schankwirtin prophezeit haben soll, daß er zum Kaiser bestimmt sei. Aber er müsse dazu einen Eber töten. Als ihn im Jahre 284 u. Z. die Führer der Legionen zum Kaiser ausgerufen hatten, erstach er angeblich umgehend mit seinem Schwert seinen Rivalen namens Aper (lat. Eber). Er nannte sich nun Diocletianus (Diokletian) und konnte bis zum Jahre 305 regieren.

In den buddhistischen Märchen Indiens spielen vereinzelt auch Schweine mit. Der Religionsstifter Buddha (um 550 bis um 480 v. u. Z.) tritt selbst in Erzählungen als Bodhisattva in Gestalt eines klugen Tieres in Erscheinung (nach Mehlig, 1982).

Die Geschichte vom Eber

Bodhisattva wurde einst als Löwe wiedergeboren. Er hauste in einer Berghöhle des Himalaya. Als er einmal vom Fleisch eines getöteten Tieres satt war, stieg er zum Teich hinunter, um sich satt zu trinken. Gleichzeitig suchte dort ein dicker und dummer Eber nach Nahrung. Der Löwe dachte sich, ich werde ihn an einem anderen Tage töten und verzehren und verzog sich wieder. Der Eber aber meinte, dieser Löwe läuft aus Furcht vor mir davon. Ich werde heute mit ihm anbandeln, und er sprach den Löwen provozierend an. Der Löwe antwortete ihm: Heute wird es keinen Kampf geben, lieber

Eber, aber in sieben Tagen wollen wir uns hier messen. Freudig erzählte der Eber seiner in der Nähe lebenden Wildschweinfamilie von der Furcht des Löwen und dem bevorstehenden Kampfe. Seine Artgenossen aber sprachen zu ihm mit ängstlicher Stimme, daß er sie zugrunde richten würde, weil er seine eigene Kraft nicht kenne. Nun fragte der Eber unter Angst und Schrecken, was er denn tun solle. Die Schweine antworteten ihm: Gehe zu der Abortgrube der Asketen und wälze dich sieben Tage lang in dem stinkenden Kot. Dann lasse dich trocknen und benässe dich mit Urin. Und wenn der Löwe kommt, stelle dich in Windrichtung auf. Da der Löwe rein geboren ist, wird er dir beim Geruch deines Körpers den Sieg überlassen und gehen. So geschah es. Als der Löwe den kotbeschmierten Eber und seinen Geruch wahrnahm, sagte er: Lieber Eber, du hast dir eine ausgezeichnete List erdacht. Wenn dein Körper nicht mit Kot beschmiert wäre, hätte ich dich jetzt ums Leben gebracht. Nun aber mag ich nicht in deinen Körper beißen. Der Sieg sei dir überlassen. Der Löwe wandte sich ab, suchte reinliche Nahrung, trank Wasser und lief in seine Höhle. Der Eber berichtete prahlerisch seinen Verwandten: Ich habe den Löwen besiegt. Doch diese fürchteten, der Löwe würde wiederkommen und sie alle töten. Sie liefen deshalb davon und verzogen sich anderswohin.

Die Geschichte vom Schwein Munika

Einstmals, als König Brahmadatta in Benares regierte, wurde der Bodhisattva bei einem Bauern als Rind wiedergeboren. Er bekam den Namen Mahalohita (Großer Roter). Er hatte auch einen jüngeren Bruder namens Cullalohita (Kleiner Roter). Beide verrichteten als Rinder allein die Feldarbeit des Bauern. Die Tochter des Bauern, ein junges Mädchen, wollte ein vornehmer Mann aus der Stadt mit seinem Sohn verheiraten. Als die Vermählung nahte, mästete der Bauer mit seiner Frau ein Schwein namens Munika mit Reisschleim, damit es für die Gäste ein vorzüglicher Leckerbissen würde. Cullalo-

hita, der das sah, fragte seinen Bruder: Wir machen die Feldarbeit ganz allein, und uns gibt man nur Gras, Stroh und dergleichen. Warum erhält der Tunichtgut so gutes Futter? Sein Bruder Mahalohita antwortete: Beneide das Schwein nicht um seine Speise, es verzehrt seine Henkersmahlzeit, denn sie mästen es mit Reisschleim, damit es bei der Hochzeit des Mädchens für die Gäste ein Leckerbissen wird. Dann wirst du aber sehen, wie sie es an den Füßen packen und töten werden. Und er sprach folgenden Vers:

Beneide nicht den Munika.
Die Speise tötet, die er frißt.
Verzehr genügsam deine Spreu.
Dies bürgt für langes Leben dir.

Und so geschah es. Munika wurde getötet und auf mancherlei Art zubereitet. Auf die entsprechende Frage antwortete Cullalohita dem Bodhisattva: O Bruder, ich habe gesehen, was die Speise dem Munika einbrachte. Tausendmal besser ist unsere Nahrung, obwohl sie nur aus Gras, Stroh und Spreu besteht. Sie bringt uns keinen Nachteil und verbürgt uns langes Leben.

Aus Afrika stammen die beiden folgenden märchenhaften Erzählungen.

Wie das Schwein zu den Menschen kam

Einst lebte das Schwein, das jetzt beim Menschen haust, mit seinem Verwandten, dem Wildschwein, im Walde. Eines Tages sagte es zu ihm: Lebewohl, ich ziehe jetzt in das Dorf und will bei den Menschen wohnen. Ich will von den guten Speisen mitessen, die die Menschen zuzubereiten verstehen. Hier im Busch gibt es ja nur bittere Pflanzen. Das Wildschwein warnte seinen Artgenossen: Hüte dich vor dem Dorf. Dort hassen sie uns Tiere. Aber das Schwein ging trotzdem ins Dorf. Dort wurde es freundlich empfangen. Man gab ihm einen Stall, und es wurde gut gefüttert. Nach einiger Zeit be-

kam das Schwein Junge. Und siehe da, als die Ferkel die Mutter nicht mehr brauchten, wurde es geschlachtet. Wenn ein Schwein geschlachtet wird und dabei quiekt und schreit, hört man deutlich heraus: Das Wildschwein warnte mich, geh nicht in das Dorf. Aber ich sagte, ich gehe doch, ich gehe doch. Man erzählt in Angola auch, daß es eine Zeit gab, als von den Menschen noch keine Schweine gehalten wurden. Es sei die Nahrung der Menschen gewesen, die die Tiere herbeigeholt und sie in die Sklaverei der Dorfbewohner gebracht habe. (Aus: Zeitschrift für Schweinezucht 44, 1937, S. 750; gekürzt).

Wie das Schwein zu seinem kurzen Rüssel kam

Einst entführte der Krebs die Frau des Löwen in seine Höhle am Fluß. Der Löwe rief daraufhin alle Tiere zusammen und bat sie um Hilfe. Elefant und Büffel boten sich als erste an. Aber der Löwe befürchtete, sie würden mit ihren Stoßzähnen bzw. Hufen die Höhle zerstören und seiner Frau schaden. Dann schlug das Schwein vor, die Löwin mit seinem Rüssel aus der Höhle des Krebses herauszuziehen. Das Schwein hatte damals einen viel längeren Rüssel, der sogar länger als der des Elefanten war. Dies gefiel dem Löwen, und er schickte das Schwein zum Flußufer. Elefant und Büffel sollten ihm helfen. Das Schwein schob sich mit seinem Rüssel bis in die Höhle des Krebses vor. Die verwöhnte Löwin hatte gerade vom Krebs ein schönes Stück Fleisch verlangt. „Hier ist es, liebste Löwin", rief der Krebs und zwickte mit seinen Zangen ein Stück vom Rüssel des Schweines ab. Dieses quiekte vor Schmerzen laut auf. Der Elefant und Büffel meinten, sie sollten helfen, und schoben es noch weiter in die Höhle. Da zwackte der Krebs eine weitere Portion Schweinsrüssel ab. Nun begann das Schwein so erbärmlich zu schreien, daß Elefant und Büffel losließen und es sich zurückziehen konnte. Als die beiden Helfer den armseligen Rüsselstumpf sahen, stoben sie erschreckt davon. Seitdem mißtraut das Schwein den anderen Tieren. Es lief mit seinem abgebissenen Rüssel zu den Menschen und wurde dort Haustier.

(Aus: Benešová, 1981; gekürzt).

Eine Version für den Schweinefleischverzicht der Mohammedaner schildert eine aus Marokko stammende Legende (aus: Zeitschrift für Schweinezucht 44, 1937, S. 295; gekürzt):

Die Jünger Mohammeds hatten sich eines Tages auf Schweinejagd begeben. Einer von ihnen konnte aber nicht teilnehmen. Jeder bekam danach ein Stück Fleisch zum Verzehr, nur nicht der Verhinderte. Auf Grund der Klagen dieses Jüngers gebot dann der Prophet, daß auch ihm ein Anteil zu geben sei. Da aber kein Stück Schweinefleisch mehr da war, wurde Mohammed zornig und rief: „Das Stück Schweinefleisch, daß ihr meinem armen Jünger vorenthalten habt, soll verflucht sein für alle Zukunft, und kein wahrhaft Gläubiger soll je von ihm essen." Die Jünger überlegten, welcher Teil vom Schwein wohl das Stück gewesen sei, das sie ihrem Bruder hätten aufheben müssen, aber keiner konnte Auskunft geben. So beschlossen sie, ganz und gar auf den Genuß von Schweinefleisch zu verzichten, ehe sie aus Irrtum von dem verfluchten Teil essen. Daran hielten sich auch ihre Nachkommen und Nachfolger im Glauben an den Propheten.

Auf der Mittelmeerinsel Kreta sollen die Bewohner im Altertum auch kein Fleisch vom Schwein gegessen haben*), mit der Begründung, daß dieses Tier heilig sei. Aus dem Mythos war überliefert, daß der Gott Zeus nach seiner Geburt dort von einer Sau gesäugt wurde. Deren Grunzen habe das Geschrei des Kleinkindes übertönt und es so vor seinem kinderverschlingenden Vater Kronos gerettet.

Ein ungarisches Volksmärchen mit einem Schwein als Hauptakteur erzählt László Avany (1984).

*) Aus der minoischen Kulturperiode (um 1500 v. u. Z.) ist aber Schweinehaltung auf Kreta schriftlich auf Tontäfelchen bezeugt.

Das Ferkelchen und die Wölfe

Es war einmal ein Ferkel, das hatte sein Häuschen mitten im dichten Wald. Eines Tages, als es gerade sein Essen kochte, kam ein großer, grauer Wolf und rief: „Liebes Ferkelchen, laß mich doch ein, hier draußen ist es so kalt, und ich friere." „Dich laß ich nicht herein, denn Du frißt mich auf" antwortete das Ferkel. „So laß doch wenigstens eines meiner Hinterbeine herein" bettelte der Wolf. Das Schweinchen gab schließlich nach, es ließ eins der Hinterbeine des Wolfes zur Tür herein. Aber unbemerkt stellte es einen großen Topf Wasser aufs Feuer. Nach einer Weile rief der Wolf wieder: „Liebes Ferkelchen, ich friere so, laß doch bitte auch mein anderes Hinterbein herein." Das Ferkel ließ sich erweichen und ließ auch das zweite Bein herein. Doch der Wolf war immer noch nicht zufrieden, und nach einer Weile begann er wieder: „Liebes Ferkelchen, laß doch bitte auch meine beiden Vorderbeine herein." Auch dies erlaubte schließlich das Ferkel. Aber der Wolf hatte immer noch nicht genug: „Liebes Ferkelchen, laß mich doch schon ganz hinein. Du wirst sehen, ich rühre Dich nicht an." Da stellte das Ferkel einen Sack vor die Türöffnung, damit der Wolf, wenn er rückwärts hereinkam, genau in diesen Sack lief. Nun ließ das Ferkel den Wolf herein, und er lief wirklich rückwärts in den Sack herein. Das Ferkel zögerte nicht lange, band den Sack zu, nahm den Topf mit kochendem Wasser und schüttete dieses über den Wolf. Dann lief es schnell hinaus und kletterte auf den nächsten hohen Baum. Der Wolf brüllte wie am Spieß, weil das heiße Wasser sein Fell verbrüht hatte. Kein Haar blieb heil, und er wurde ganz kahl. Er drehte und wendete sich in seinen Schmerzen, bis er schließlich den Sack offen hatte und weglief, um Hilfe zu holen. Bald darauf kam er mit neun anderen Wölfen zurück. Sie suchten das Schweinchen, bis es der eine Wolf in der Baumkrone erblickte. Sie berieten nun unter dem Baum, wie sie das Ferkel einfangen könnten. Aber keiner von ihnen konnte auf den Baum klet-

tern. Endlich beschlossen sie, daß sie sich einer nach dem anderen auf den Rücken stellen sollten, wie die Bremer Stadtmusikanten. So würde der oberste sicher das Ferkel erreichen. Sie begannen nacheinander auf den Rücken des unteren zu klettern. Der verbrühte, kahle Wolf blieb zuunterst, er hatte Angst, höher hinaufzugehen. So standen also die anderen Wölfe auf seinem Rücken. Es fehlte nur noch einer, so hoch waren sie schon geklettert, und auch der letzte begann hinaufzusteigen. Da rief plötzlich das Ferkel vom Baume: „Heißes Wasser dem Kahlen!" Der kahle Wolf erschrak, sprang weg, und alle anderen fielen herunter. Einer brach sich den Fuß, einer sogar den Hals. Der Kahle lief aber weg und keiner sah ihn wieder. Auch die anderen machten, daß sie davon kamen. Das Ferkel kletterte vom Baum herunter, als alle weg waren, und lief in sein Haus zurück. Die Wölfe aber trauten sich von nun an nicht mehr in die Nähe seiner Behausung.

In mehreren Fällen wird Schweinen die Entdeckung von Salz- und Heilquellen zugeschrieben, oder in Wüstungen versunkene Glocken seien durch das Wühlen von Schweinen wieder ans Tageslicht gekommen.

Die Sage von der Entdeckung der Salzquelle in Halle an der Saale (nach Schultze-Galléra, 1922):

„Die schöne Stadt Halle hat nächst Gott ihren Ursprung den Salzkothen zu danken. Man erzählt, als in uralten Zeiten, annoch vor des Herrn Christi Geburt, ein Hirte daselbst gehütet, da hat sich eine Sau bei heißem Wetter in dem Salzwasser abgekühlt. Als sie sich nachmals an der Sonne abtrocknete, da haben ihr die Borsten vom Salzwasser hell geglänzt. Daraus hat man vermutet, daß eine Salzquelle daselbst breche, welches man auch bei näherer Nachuntersuchung und Einsenkung also befunden."

Die Hallenser Solequelle wurde tatsächlich schon im 1. Jahrtausend v. u. Z. genutzt.

Abb. 92. Zinnmedaille des 19. Jahrhunderts auf die angebliche Entdeckung der Teplitzer Sole (jetzt Teplice, ČSFR) durch Schweine im Jahre 762.

Der volkstümliche Dichter und Maler August Kopisch (1799–1853) hat das Geschehen in Reime gegossen:

„Wie hat in Halle man den salz'gen Quell entdeckt?
Es hat ein Schwein vor Zeiten sich darin versteckt,
und kam heraus und war mit Salz kandiert.
Das hat die Leute auf die Spur geführt.
Aus Dankbarkeit legt man das Schwein,
noch jetzt in Salz und pökelt's ein."

Ähnlich sollen in Bad Oeynhausen (Westfalen), in Wildbad (Württemberg) und im nordböhmischen Teplitz (jetzt Teplice, ČSFR) Schweine die dortigen Solequellen aufgespürt haben (Abb. 92). Im Rathaus der Stadt Lüneburg hatte man, so wird im Jahre 1859 berichtet, ein Stück Schweineschinken in einem schönen Glaskasten als Denkmal ausgestellt. Damit sollten die Schweine gewürdigt werden, die sich vorzeiten durch das Auffinden der Lüneburger Salzquellen um die Menschheit verdient gemacht hätten. Folgender Text war in Gold eingegraben:

„Hic tibi cernere licet reliquias porci qui primus aquarum quae Luneburgi salsae scatent repertor dici meruit.“

(Hier kannst du die Reste eines Schweines sehen, von dem erzählt wird, daß es sich als Entdecker der Lüneburger Salzquelle verdient gemacht hat.)

Ein Schwein soll auch den Limfjord in Dänemark erschaffen haben. Hierzu gibt es folgende sagenhafte Überlieferung:

Nach Bekanntwerden der Geburt von Jesus Christus wurde in Jütland eine Zauberin eifersüchtig und böse, und sie schwor, einen Sohn zur Welt zu bringen, der noch größer als Christus und alle anderen werden würde (nach einer anderen Sagenvariante prahlte eine junge Frau hiermit). Aber sie gebar ein Schwein. Dieses wuchs heran und wuchs immer weiter. Es überragte schließlich mit seinen Rückenborsten die Baumkronen des Waldes. Wie andere Schweine fing es an, die Erde aufzuwühlen, und es grub so tief und weit, daß das Meerwasser einströmte. Dies war dann der Fjord, der den Norden Jütlands durchquert. Der einen Sagenvariante nach hieß das Riesenschwein Limgrim; aus Limgrimsfjord sei später der heutige Name Limfjord geworden.

In den folgenden beiden Sagen tritt deutlich ein sozialer Aspekt zutage.

Die verwünschte Schloßjungfrau

Auf dem Gochsheimer Schloß (jetzt Baden-Württemberg) soll früher öfters ein Schwein herumgelaufen sein. Man erzählte, dies sei ehemals eine Schloßjungfrau gewesen. Sie hatte etwas dagegen, daß ihre Magd übriggebliebenes Essen zu armen Leuten brachte und verbot ihr dies. Die armen Leute verfluchten und verwünschten daraufhin das Burgfräulein, sie möge als Schwein wiederkommen und ihre Speisereste selbst fressen müssen. So ist es dann auch gekommen, und sie er-

schien jede Nacht als Schwein. Die Magd soll sie dann zwar erlöst haben, sie ist aber sieben Tage danach aus dem gehabten Schrecken gestorben.
(Aus: Griepentrog, 1975).

Die Gutsherrin auf dem Schweinetrog

Der einsam gelegene nordrheinische Herrenhof Lützeler, in der Nähe des Wehebaches, hatte einst eine sehr hartherzige Besitzerin, vor allem gegenüber den Armen. Diesen gönnte sie nicht das geringste. Ihren Mägden hatte sie streng verboten, Armen etwas zu geben. „Gebet eher das Brot den Schweinen als den Armen", war ihr Befehl. Bettler wurden vom Hof vertrieben, die Hunde auf sie gehetzt, verschwanden sie nicht schnell genug. Wegen ihres Geizes wurde diese Schloßherrin nach ihrem Tode hart bestraft. Sie mußte im Schweinestall spuken und dort auf dem Trog sitzen. Die Dienstmägde sahen sie dort oft, wenn sie die Tiere füttern wollten. Der spätere Hofbesitzer, der das nicht glauben wollte, sah sie dann auch auf dem Schweinetrog sitzen. Der Geist trieb es bald so schlimm, daß die Dienstleute wegliefen. Zuletzt hatten sich neun Geistliche versammelt, um den Geist zu verbannen. Mit Gebet und Almosen trieben sie ihn an einen anderen einsamen Ort. Auf der sogenannten Lützeler Kehle soll der Geist dann manchen nächtlichen Wanderer erschreckt haben.
(Aus: Burde-Schneidewind, 1973).

Der Schriftsteller Willibald Alexis (1798–1871) brachte die folgende, allerdings historisch nicht belegte und hier verkürzt wiedergegebene Geschichte aus der Mark Brandenburg zu Papier.

Das Kaisermahl im Kloster Lehnin

Einst hatte sich Kaiser Karl IV. (1346 bis 1378, seit 1373 auch brandenburgischer Markgraf) mit einigen Begleitern kurzfristig zu einem Besuch im Zisterzienserkloster Lehnin bei Brandenburg angemeldet und bald dort eingefunden. Der

Abt war in heller Aufregung wegen der standesgemäßen Beköstigung des hohen Herrn. Man hatte weder Fleisch noch Fisch vorrätig, und der Schweinebestand war angeblich durch eine vorangegangene Krankheit dezimiert. Trotzdem wies der Abt seinen Küchenmeister, den Klosterbruder Dietrich Kagelwit an, ein schmackhaftes, fleischhaltiges Essen herzurichten, ohne ihm zu sagen wie. Vor allem aber durfte keines der wenigen Schweine geopfert werden. Kagelwit überlegte lange, setzte eine Erbsensuppe mit viel Pfeffer an und ging in den Schweinestall. Man hörte dann Quieken aus dem entfernten Stall und vernahm bald aus der Küche appetitanregende Düfte. Dem kaiserlichen Gast und dem Gastgeber schmeckte die neuartige Suppe ausgezeichnet. Alle wollten wissen und rieten, wie sie wohl zubereitet worden war und welche Fleischstücke in der Erbsensuppe seien. Der Abt blickte seinen Küchenmeister wegen der vermuteten Schlachtung eines Schweines schon böse an. Kagelwit lächelte und lud alle in den Schweinestall ein. Kaiser, Abt und die anderen gingen mißtrauisch mit. Er zählte ihnen die Schweine vor, und es waren noch alle da; bis sie merkten, daß allen die Ohren fehlten. Sie lachten alle, lobten Kagelwit und verlebten noch einen feuchtfröhlichen Abend. Diese Erfindung der märkischen Erbssuppe mit Schweinsohren soll zu Kagelwits Karriere beigetragen haben.

Tatsächlich wurde Dietrich Kagelwit, eigentlich Dietrich von Portitz (geb. um 1300), später Bischof von Minden und böhmischer Kanzler, 1361 dann Erzbischof von Magdeburg. Alexis erzählt zusätzlich, daß die Mönche des anderen märkischen Zisterzienserklosters in Chorin bei Eberswalde das Ohrenabschneiden nachmachten, im Glauben, die Ohren würden nachwachsen. Sie hätten deshalb mit den Besitzern der von ihnen behüteten Schweine, den Adligen von Itzenplitz, großen Ärger bekommen. An die Schmerzen der ohramputierten Schweine hat damals beim Lob über Kagelwits Neuerung wohl niemand gedacht. Wer heutzutage Appetit auf

Schweinsohren hat, hole sie beim nächstliegenden Fleischer oder bei Bevorzugen süßer Geschmacksrichtung die knusprigen Imitationen aus Blätterteig beim Bäcker und Konditormeister.

Hamburger Schweinekrieg

Nach dem 30jährigen Krieg (1618–1648) war einigermaßen Frieden eingezogen. Die Hamburger Bürger hatten im Jahr 1660 wie immer ihr verbrieftes Recht wahrgenommen und ihre Schweineherden zur Eichelmast in den Lauenburgischen Sachsenwald getrieben. Der Herzog von Sachsen-Lauenburg zeigte aber plötzlich Raubrittermanieren. Er ließ die Schweine der Hamburger einfangen und wegtreiben. Unter dem Druck der bestohlenen Bürger und Schlächter mußte der Hamburgische Rat mehrere hundert Reiter und Kriegsknechte in den Sachsenwald marschieren lassen. Die besetzten einige Dörfer und drohten, auf Lauenburg zu rücken. Da mußte der Herzog einlenken und die Schweine zurückgeben. Elf Jahre später versuchte er es nochmals. Lübeck und Hamburg ließen erneut 400 Mann gegen ihn marschieren. So war er wieder gezwungen, die hamburgischen Rechte anzuerkennen. Später machten es sich die inzwischen noch reicher gewordenen Hamburger leichter. Sie schafften allmählich ihre Schweine ab und kauften sich welche, wenn sie schlachten und Fleisch wollten.
(Aus: Burde-Schneidewind, 1973).

Das Vertrautsein mit Schweinen und deren Bedeutung für den Menschen spiegeln sich auch in zahlreichen Fabeln wider. Nachstehend eine Probe einer Fabelsammlung des altgriechischen Fabeldichters Äsop (6. Jahrhundert v. u. Z.).

Der Esel, der den Eber verhöhnt

Ein Tor, der nach leichtfert'gen Späßen hascht,
trifft meistens andere mit schwerer Kränkung
und setzt auch selbst sich Schaden und Gefahr aus.

Zum Eber, der ihm aufstieß, sprach der Esel:
„Grüß Gott, Herr Bruder!" Der verschmähet zornig
solch Kompliment und fragt: „Was lügst du so?"
Der Esel streckt sein Glied herab: „Willst du mir
nicht gleichen, gleicht doch das da deinem Rüssel!"
Der Eber will erst mutig auf ihn los,
doch zähmt den Zorn er: „Leicht wär' mir die Rache,
doch soll solch feiges Blut mich nicht besudeln."

Die gleichen Tierarten läßt der römische Fabeldichter Phädrus (um 40 u. Z.) agieren.

Der Esel und das Schwein

Zum Dank für Rettung schlachtete ein Mann
dem Herakles ein Schwein und ließ die Reste
der Futtergerste seinem Esel geben.
Doch der verschmähte sie mit der Begründung:
„Gern nähm ich diese Speise, läg nicht das Tier,
das von ihr fraß, hier abgewürgt."
Dies peinliche Begebnis warnt mich immer
vor jedem Vorteil, den Gefahr umdroht.
Denn Frechheit hilft nur selten, schadet oft.
(Aus: Äsopische Fabeln des Phädrus, Buchverlag
Der Morgen, Berlin 1966).

Von dem französischen Fabeldichter Jean de La Fontaine (1621–1695) stammt die folgende Fabel.

Das Schwein, die Ziege und der Hammel

Ein Hammel, eine Ziege und ein großes Schwein
auf einem Wagen hocken, der zu Markte fährt.
Nun, ein Spaziergang konnte das nicht sein.
Zur Schlachtbank ging's, wie die Geschichte lehrt:
Der Fuhrmann führte nicht im Schild
Besuch von Jahrmarktbuden, wo ein Kasper spielt.
Drum brüllte auch das Schwein so wild.
Es schrie, als ob's mit hundert Schlächtern fuhr.

Das war ein Lärm, der jedes Ohr betäubte.
Die andren Tiere, sanfter Natur,
begriffen nicht, wogegen es sich sträubte.
Sie ahnten keinerlei Gefahr.
Der Fuhrmann schimpfte: „Warum plärrst du so, du Narr?
Wir sind schon alle taub! Gib endlich Ruh!
Die andern beide sind gesitteter als du.
Von ihnen lerne Lebensart, zumindest Schweigen!
Sieh dir den Hammel an, er ist ganz stumm.
Ihn find ich klug!" – „Nein, der ist dumm",
schrie aufgeregt das Schwein, „er tät's euch zeigen,
wüßt' er, was ihm geschieht, er machte auch Skandal!
Die Ziege selbst, die fromme Seele,
sie würde schrein aus voller Kehle!
Die glauben, daß man sie nur rupft im schlimmsten Fall,
von ihm die Wolle und von ihr die Milch zu erben.
Kann sein, sie haben Glück, die Brüder.
Mich schlägt man auf der Schlachtbank nieder!
Als Fraß für andre muß ich sterben!
Ade, ich seh' mein Haus nicht wieder!"
Das renitente Schwein, es sah, wie's würde enden.
Was half es ihm, man hörte es nicht an!
Kann man das Schicksal durch Protest nicht wenden,
dann scheint's, der Ahnungslose ist noch besser dran.
(Aus: de La Fontaine: Fabeln. Deutsch von M. Remané.
Verlag Philipp Reclam jun., Leipzig 1984.)

Autor der folgenden Fabel ist der aus Wurzen gebürtige und in Halberstadt als preußischer Regierungsrat verstorbene Magnus Gottfried Lichtwer (1719–1783), der 1748 „Vier Bücher Äsopischer Fabeln" herausgab.

Die wilden Schweine

Ein ungeheures wildes Schwein,
das oft die Winzer rasend machte,
ging auf den Raub und brach bei Nachte

in einen reichen Weinberg ein.
Es ward der Berg durchwühlt, da ging in einer Stunde
der Schweiß des ganzen Jahrs zugrunde.
Der Eber fand hierauf für gut,
sich weiter umzusehn. Seht, was der Zufall tut,
des Winzers Hütte stehet offen,
der Winzer selber schlief besoffen,
ein neues Glück für ihn. Der Trunk schmeckt auf die Kost.
Der Eber fand ein Faß voll Most,
er tunket den Rüssel ein, o das sind Göttersäfte,
hilf, Bacchus, hilf, wie schlorft das Schwein
und schluckt das Öl der Trauben ein,
schluckt und versäuft Gehirn und Kräfte.
Es taumelt hin und her, fällt zu der Tür hinaus,
kömmt wieder in den Wald, stößt sich an alle Bäume,
es stolpert, grunzt und schnaubt und tut, als ob es träume,
es hörts sein Weib, die Sau, und läßt ihr sumpficht Haus,
die ganze Freundschaft folgt; das Schwein wühlt in der Erde,
haut nach der Mutter und dem Sohn,
flieht, Kinder, sprach die Sau, eh eins beschädigt werde.
Die Schweine folgten ihr und flohn.
Der Trunkenbold fiel ohne Sorgen
in Schlamm und schlief bis an den Morgen,
vom Morgen bis den Mittag drauf,
da stand er ganz gelassen auf
und wollt wie zuvor sich seiner Freundschaft nahen,
da kömmt das tolle Schwein, schrie die erschrockne Schar,
sie flohn das gute Schwein, ob es schon nüchtern war,
sobald sie es von weitem sahen.
Ihr dummen Sauen ihr, wie, daß Ihr euch nicht schämt?
O wenn ihr unter Menschen kämt,
ihr würdet, ohne weit zu gehen,
dergleichen Tolle häufig sehen.
(Aus: Magnus Gottfried Lichtwer: Blinder Eifer schadet nur.
Verlag Philipp Reclam jun., Leipzig 1983.)

Literarische Zeugnisse der Aufklärungsepoche sind auch die Fabeln Gotthold Ephraim Lessings (1729–1781).

Die Eiche und das Schwein

Ein gefräßiges Schwein mästete sich, unter einer hohen Eiche, mit der herabgefallenen Frucht. Indem es eine Eichel zerbiß, verschluckte es bereits eine andere mit dem Auge.

„Undankbares Vieh!", rief endlich der Eichbaum herab, „Du nährest dich von meinen Früchten, ohne einen einzigen dankbaren Blick auf mich in die Höhe zu richten."

Das Schwein hielt einen Augenblick inne und grunzte zur Antwort: „Meine dankbaren Blicke sollten nicht außenbleiben, wenn ich nur wüßte, daß du deine Eicheln meinetwegen hättest fallen lassen."

Ebenfalls im 18. Jahrhundert entstand die folgende Fabel von Heinrich Gottfried Bretschneider (1739–1810).

Die Krähe und das Schwein

Die Krähe flog auf eines Schweines Rücken,
und ihres scharfen Schnabels Picken
ertrug das gute Borstenvieh,
das friedsam war und gern verzieh.
Doch endlich fing der Vogel in den Ohren
mit seinem Schnabel an zu bohren.
Das schien dem Schweine zu vertraut,
es schüttelte und grunzte laut.
„Was", sprach die Krähe, „ich suche dir zu nutzen,
um deine Ohren auszuputzen,
vom Ungeziefer zu befrei'n.
Du dankst mir's nicht?"
„Nein", sprach das Schwein,
„mit Sanftmut Freunden Fehler sagen,
nicht aber sie aufs Blut zu plagen,
ist Pflicht des Freundes, der redlich denkt;
dein ungebetner Eifer kränkt."

Moral: Wer einen Freund auf dessen Fehler aufmerksam machen will, darf ihn dabei nicht beleidigen.

E. T. A. Hoffmann (1776–1822):

Die Folgen eines Sauschwanzes

In einer Gaststätte des Ortes Buch setzte sich ein trauriges Mädchen mit an den Tisch. Aus mitgebrachtem Papier wikkelte es einen kleinen Sauschwanz aus. Diesen hatte es als Andenken von seinem Liebhaber erhalten, einem Fleischerknecht, der nun weitergewandert war. Nach Berühren des Schweineschwanzes begann sie wie im Trance auf dem Tisch zu tanzen, ähnlich einer Bacchantin. Als dann ein Pudel mit dem Sauschwanz davonlief, erwachte das Mädchen und wurde wieder eine einfache, traurige Köchin.

Diese kleine, hier verkürzt wiedergegebene Geschichte aus der Zeit, als E. T. A. Hoffmann in Bamberg lebte und oft nach dem Dorfe Buch wanderte, ist als Spott auf die damalige medizinische Modelehre vom animalischen Magnetismus bzw. magnetischen Heilschlaf (Mesmerismus) zu verstehen. Der Schweineschwanz soll ironisch auf die damals benutzten Mittel zum Herbeiführen solcher „magnetischen" Schlafzustände (Hypnose) hindeuten.

Ein Vorschlag von Wilhelm Busch (1832–1908), in Gedichtform und zeichnerisch illustriert, magere Schweine schnell dick zu machen und einen Käufer über das Ohr zu hauen (aus: „Schnurrdiburr oder die Bienen", 1869):

Hans Dralle hat ein Schwein gar nett,
nur ist's nicht fett.
Es schnuppert keck in allen Ecken
und schabt sich an den Bienenstöcken.
Die Bienen kommen schnell herfür
und sausen auf das Borstentier.
„U,ik, U,ik" – so hat's geschrien.
Hans Dralle denkt: „Wat hat dat Swien?!"

Wie staunt Hans Dralle, als er's da
schön abgerundet stehen sah!
Der Schweinekäufer geht vorüber:
„Was wollt Ihr für das Schwein, mein Lieber?"
„So'n twintig Daler, hab ick dacht!"
„Hier sind sie, fertig, abgemacht."
Hans Dralle denkt sich still und froh:
„Wat schert et mick! Hei woll dat jo!"

Es ist bereits erwähnt worden, daß bei der Waldweide von Hausschweinen früher Sauen ab und zu auch von Keilern beschlagen wurden und man jüngst mittels Gentechnik um 25 Prozent größere Schweine erzeugen konnte. Der Schriftsteller Erwin Strittmatter (Jahrgang 1912) erzählt im „Schulzenhofer Kramkalender" (Berlin 1980) eine andere Variante, nachstehend leicht gekürzt wiedergegeben.

Das Mammutschwein

„Am Rande des Bruches stand der wilde Eber. Ich sah ihn, und er sah mich, ... Dann huschte eine schmutzverkrustete Sau aus dem Bruch und verhielt auf der Höhe des Ebers, bis endlich noch ein Tier aus dem Bruch kam, das mich in einen kurzen Schreck versetzte, weil es eine helle Haut und sehr lange Loden hatte, die fahlgelb waren. Dieses Sonderschwein war doppelt so hoch wie seine Mitschweine, und als es den Eber erreicht hatte, gingen alle Tiere lautlos auf die Flucht. ... Endlich war der Steckbrief der Schweine auf dem Luftwege hinters Farnkraut und an die Nasen der Hunde gedrungen, und sie rannten dem Schweineduft nach, doch als sie aus dem Farnkraut sprangen, sahen sie das Mammutschwein und hielten ein. Ihr Gehär sträubte sich, als sähen sie ein Gespenst. Vom Hengstrücken sah ich das helle Haar des Mammutschweines noch eine Weile zwischen den Kiefernstämmen lodern, dann verschwand das Tier in einer Senke, und mir fiel ein, daß vor drei Jahren ein Eber der Genossenschaft, der aus dem Offenstall ausgebrochen war, eine Weile im Wald gelebt

hatte. Ein Zufall, aber Zufälle bleiben nicht ohne Folgen und ziehn eine Kette von Kausalitäten nach sich, wie zu sehen war, und es würde mich nicht wundern, wenn ich nächstes Jahr ein gescheckktes Wildschwein träfe."

Ode an ein Schwein

Diese Kurzgeschichte (Verlag Philipp Reclam jun., Leipzig 1970) verfaßte der litauische Schriftsteller Mykolas Sluckis (geboren 1928). Er erzählt aus der Zeit des zweiten Weltkrieges, wie im Internat untergebrachte Kinder ebenso wie dessen wenige Schweine Hunger litten. Eine Gruppe der Kinder mußte die Tiere hüten. Unter den halbverhungerten Schweinen war eines am lustigsten: Es stand auf zwei anderen Schweinen wie in einer Zirkusnummer. Die Ode ist diesem einen Schwein gewidmet, „einem ganz gewöhnlichen, vierbeinigen, mutigen Schwein, das mit seinem Rüssel die Wiese wie mit einem Hakenpflug aufwühlte, an dessen warme Seite geschmiegt wir Nahrung fanden, als wären wir hungrige Ferkel." Aus dem Gärtchen der Internatsleiterin stiebitzte dieses Schwein am Abend eine Melone, die ihm die Kinder entwanden, um ihren großen Hunger zu stillen. Dem „gekränkten Wohltäter" brachten sie dann heimlich erbettelte Küchenabfälle; er sollte gnädig gestimmt werden, damit er aufs neue solchen Mut an den Tag legte, wenn er wieder mal am Garten vorübergetrieben wurde.

Farm der Tiere (Animal farm)

Eine bemerkenswerte, in „sozialistischen" Ländern verpönt bzw. verboten gewesene Geschichte („Ein Märchen") hat im Jahre 1945 der Engländer George Orwell veröffentlicht (Diogenes Verlag, Zürich 1982). Sie war später auch als farbiger Zeichentrickfilm bekannt geworden. Am Beispiel der Tiere eines Bauernhofes karikiert er darin kritisch Phasen der stalinistischen Verhältnisse in der Sowjetunion. Die

Schweine des Hofes werden hier zu lese- und schreibkundigen Zweibeinern und machen sich zur beherrschenden und Personenkult entwickelnden, die anderen Tiere unterdrükkenden und ausbeutenden Kaste.

„Die Aufgabe, die anderen zu unterweisen und zu organisieren, fiel naturgemäß den Schweinen zu, die allgemein als die schlauesten Tiere anerkannt wurden … Das bekannteste von ihnen (den Mastferkeln) war ein kleines, fettes Schwein, Schwatzwutz genannt, mit kugelrunden Backen, Zwinkeräuglein, flinken Bewegungen und einer schrillen Stimme. Er war ein brillanter Redner, und wenn er eine schwierige Frage diskutierte, hatte er dabei eine Art, von einer Seite auf die andere zu hopsen und mit dem Schwanz durch die Luft zu fegen, die irgendwie sehr überzeugend wirkte. Die anderen sagten von Schwatzwutz, er könnte aus Schwarz Weiß machen."

Am Schluß heißt es: *„Die Tiere draußen blickten von Schwein zu Mensch und von Mensch zu Schwein, und dann wieder von Schwein zu Mensch; doch es war bereits unmöglich zu sagen, wer was war."*

Sprichwörter und Redensarten

Bekanntlich reflektieren Sprichwörter und Redensarten, oft dem Volksmund früherer Jahrhunderte entstammend, Erfahrungen, Denkweisen und Verhaltensregeln bis hin zu Sitten und Gebräuchen. Nach Johann Gottfried Herder (1744–1803) sind Sprichwörter ein Spiegel der Denkart der Nationen, nach dem berühmten Sprichwortsammler Karl Friedrich Wilhelm Wander (1803–1879) Schleifsteine für den Geist. Der schlesische Pädagoge Wander, Teilnehmer der Revolution von 1848, gab zwischen 1868 und 1879 ein fünfbändiges Sprichwörter-Lexikon heraus, das 225 000 Redensarten enthält. Die den Begriffen Schwein und Sau zugeordneten Sprichwörter beziehen sich leider hauptsächlich auf negative Schweineeigenschaften, insbesondere auf die vorgebliche Unsauberkeit. Nachstehend ist eine Auswahl von Sprüchen und Sprichwörtern unter Benutzung mehrerer Quellen wiedergegeben. Über den Wert der einzelnen Sprichwörter kann man unterschiedlicher Meinung sein, der Leser mag selbst urteilen.

Bereits auf Tontafeln aus Sumer (um 2000 v. u. Z.), die im heutigen Irak ausgegraben wurden, finden sich Sprüche zum Thema Schwein (nach Gordon, 1959):

✡

Fleisch mit Fett ist zu gut, Fleisch mit Talg ist zu gut.
Was sollen wir dem Sklavenmädchen geben?

✡

Laß sie den Schinken vom Schwein essen!

✡

Ein Wasserfaß – einer, der viel Schweinefleisch ißt.

✡

Babylonischen Ursprungs ist das Sprichwort:
Als das Ferkel vor der Maus in die Höhle der Schlange hineingeriet, sagte es: Der Schlangenbeschwörer hat mich hergeschickt.
(= Geistesgegenwart in schwierigen Situationen).

✡

Aus dem buddhistischen Kulturkreis stammt das Wort:
Nicht begehe mit dem Mund Böses, damit du kein Schweinsmaul wirst.

Aus der griechisch-römischen Antike ist überliefert:

✡

Das Schwein hat mit der Athene Streit angefangen, das Schwein will die Athene belehren.
(= Anmaßung eines Dummkopfes).

✡

Porci cocti ambulant.
(Die Schweine wandeln gebraten umher = die gebratenen Tauben fliegen in den Mund).

✡

Uno in saltu capere duos apros
(Plautus, um 250–184 v. u. Z.).
(Mit einem Sprung zwei Eber fangen = zwei Fliegen mit einer Klappe schlagen).

✡

A cane non magno saepe tenetur aper
(Ovid, 43 v. u. Z.–17 u. Z.).
(Ein kleiner Hund stellt oft einen starken Eber = ein Kleiner wird oft eines Größeren Herr).

Auf den Sprichwortschatz des Volkes zurückgreifende Sprache zeichnet das 1494 in Basel erschienene „Narrenschiff" aus, das moralsatirisch-didaktische, mit Holzschnitten illustrierte Werk des in Straßburg geborenen Frühhumanisten Sebastian Brant (1458–1521), in dem menschliche Torheiten und Laster angeprangert werden. In den Kapiteln „Von guten Räten" (Abb. 93), „Von falschen Vorstellungen über Gott" (Abb. 94) und „Von groben Narren" treten in Wort und Bild Schweine auf. Ins Neuhochdeutsche übertragen, lauten die entsprechenden Mottoverse dieser Ständesatire:

✡ Von guten Räten
Wer sich auf Macht im Rat verläßt
und hängt sich, wo der Wind herbläst
derselb die Sau in' Kessel stößt.

(Die zwei Narren, die sich bemühen, ein Schwein in einen Kessel zu befördern, gleichen denjenigen, die im Rat ohne ausreichende Rechtskenntnisse urteilen und dadurch mit dazu beitragen, dem Schwein, d. h. dem zu Unrecht Beurteilten, den Garaus zu machen).

✡ Von falschen Vorstellungen über Gott
Wer spricht, daß Gott barmherzig sei
allein gerecht dabei,
der hat Vernunft wie Gäns' und Säu.

(Ein Narr mit einem Topf Eselschmalz – Symbol des Selbstbetrugs –, der ihm um den Hals hängt, nähert sich einem Trog, aus dem Gänse und Schweine fressen. Den Verstand dieser Tiere habe derjenige, der sich auf Gottes Barmherzigkeit verläßt und nicht weiß, daß er auch gerecht richten wird).

✡ Von groben Narren
Wüste Schimpfworte Ärgernisse geben und gar oft
die guten Sitten stören,
wenn man zu stark die Sauglocke läutet.

(Brant erklärt diejenigen zu Narren, die derbe, unflätige Re-

Abb. 93. „Von guten Räten". Holzschnitt eines von Dürer beeinflußten Meisters aus dem „Narrenschiff" von Sebastian Brant (1494). Aus: Die Holzschnitte zu Sebastian Brants „Narrenschiff". Insel-Verlag, Leipzig 1964.

Abb. 94. „Von falschen Vorstellungen über Gott". Holzschnitt von Albrecht Dürer aus dem „Narrenschiff" von Sebastian Brant (1494). Aus: Die Holzschnitte zu Sebastian Brants „Narrenschiff". Insel-Verlag, Leipzig 1964.

den führen, wie es in seiner Zeit, selbst unter Gelehrten, häufig der Fall war).

In Luthers Tischreden wird die Redewendung „einem eine gute Sau geben“ im Sinne von „jemand derb beschimpfen“ gebraucht.

Dans le cochon tout est bon.
(Französisch = vom Schwein ist alles gut).

✡

Swine, women and bees cannot be turned.
(Englisch = Schweine, Bienen und Weiber machen viel Not dem Treiber).

✡

Eure Perlen werft nicht vor die Säue.
(= Edle Dinge nicht an Unwürdige verschwenden).

✡

Das Schwein wälzt sich nach der Schwemme wieder im Kot.
(= Nach Besserung wieder in schlechte Angewohnheiten zurückfallen).

✡

Ein feist Schwein entlauft dem Metzger nicht.
(= Der Übeltäter entgeht der Strafe nicht).

✡

Schweine und Geizhälse nützen erst nach ihrem Tode.

✡

Stille Schweine wühlen die größten Wurzeln aus.

✡

Wer dem Schweine gibt, wenn's grunzt, und dem Kinde,
wenn's schreit, bekommt ein fettes Schwein
und ein verzogenes Kind.

✡

Man kann nicht Speck haben und das Schwein behalten.

✡

Viel Schweine, viel Speck, viel Tauben, viel Dreck.

✡

Wenn du haderst um ein Schwein,
nimm eine Wurst und laß es sein.
(= Rat zum gütlichen Vergleich).

✡

Geträumter Speck ist mager.

✡

Schweinefleisch und guter Wein müssen stets beisammen sein.

✡

Wenn die Säue fliegen könnten, so wären sie das allerbeste Federwildbret.
(Bauernsprichwort aus dem 16. Jahrhundert).

✡

Wer mir ein Schwein schenkt, dem geb ich gern eine Wurst.

✡

Aus einem Ferkel wird eine Sau,
aus einer kleinen Sau wird bald eine große.
(= Kindern darf man nicht alles nachsehen).

✡

Eine Sau riecht den Dreck über neun Zäune.
(= Verleumder).

✡

Man achtet nicht, was die Sau auch schreit.

✡

Jede Sau nennt ihre Ferkel schön.

✡

Von der Sau lernen die Ferkel grunzen.

✡

Sogar eine Sau grunzt, wenn sie vorbeigeht.
(= Wenn jemand nicht grüßt).

✡

Wie die Sau, so der Stall.

✡

Man verklagt keine Sau, die einen besudelt
(= Um üble Nachrede soll man sich nicht kümmern).

✡

Ruh und Rast ist die halbe Mast.

✡

Eine fette Sau ist besser als ein fettes Pferd.

✡

Wer nichts gelernt hat, muß die Schweine hüten.

✡

Viel Schweine machen den Trank dünn.
(= Je mehr Teile, d. h. Erben, je kleiner der Anteil).

✡

Wer sich unter die Kleie mengt, den fressen die Säue.

✡

Ich hüte keine Schweine umsonst.
(Erwartung angemessener Entlohnung).

✡

Die Schweine wechseln, die Tröge bleiben die gleichen.

✡

Es scheint, wir haben die Schweine gehütet.
(= Unerwünschte Vertraulichkeit).

✡

Das letzte Schwein kriegt den dicksten Trank.
(= Wenn einer von seiner Bequemlichkeit
noch einen Vorteil hat).

✡

Schweine, die zusammen liegen, trennen sich nicht gern.

✡

Was ich am Korn verliere, gewinn' ich an Speck, sagte der Bauer, als seine Schweine ins Getreide gingen.

✡

Das Schwein läuft vor dem Geruch des Majorans weg.

✡

Schweine kümmern sich nicht um köstliche Salben.

✡

Die Sau grunzt anders, wenn der Metzger kommt.

✡

Für ein faules Schwein ist der Erdboden immer gefroren.
(Dänisches Sprichwort).

✡

Schläft das Schwein, wächst das Fleisch,
schläft der Mensch, wachsen seine Schulden.
(Chinesisches Sprichwort).

✡

Durch die Kunst des Metzgers allein
darf das Schwein in bester Gesellschaft sein.

✡

Es regnete so stark, daß alle Schweine rein
und alle Menschen dreckig wurden.
(Georg Christoph Lichtenberg, 1742–1799).

✡

Uns ist gar kannibalisch wohl,
als wie fünfhundert Säuen.
(J. W. v. Goethe: Faust, I. Teil, Auerbachs Keller).

✡

Komm, komm!
Mit Güte lockt fast überall
dic Frau ihr Schweinchen in den Stall.
(Wilhelm Busch, 1832–1908).

Schweine in Ortsnamen

Nicht gerade gering ist die Zahl der Städte und Dörfer mit Namen, die sich vom Schwein (einschließlich Wildschwein) ableiten bzw. das Wort Schwein, Eber oder Sau enthalten. Einzelne Städte, Gemeinden oder Adelsherrschaften besitzen auch ein entsprechendes „redendes" Wappen, also Schweinedarstellungen im Wappen oder Siegel. Bereits im Imperium Romanum gab es Städtenamen, die vom lateinischen sus (Schwein) stammen, z. B. Suillum und Suessa. Die im folgenden genannten Beispiele beschränken sich auf das frühere oder jetzige deutschsprachige Gebiet.

Die nördlich von Berlin liegende Kreisstadt Eberswalde-Finow (Brandenburg) führt in ihrem Wappen einen Eichbaum und zwei gegen den Stamm stehende Keiler, seit 1973 zusätzlich mit einem Zahnrad als Symbol des mit Eberswalde vereinigten Städtchens Finow (Abb. 95). Hier wurde um 1970 auch das erste große Schweinezucht- und -mastkombinat der DDR errichtet. Die in der Oberlausitz in der Nähe der Spreequelle liegende Stadt Ebersbach trägt im Wappen einen schwarzen Eber (Keiler). Möglicherweise leitet sich der Name aber auch von einem Locator*) Eberhard oder von Äbern Bach (mundartlich Oberer Bach) ab. Anfang dieses Jahrhunderts gab es hier einen Zuchtbestand des Veredelten Landschweines. Darüber hinaus existieren sechs Dörfer gleichen Namens im sächsischen Raum, ebenfalls im südlichen

*) Organisator von Siedlerwerbungen und -niederlassungen

Abb. 95. Wappen der Stadt Eberswalde-Finow (Brandenburg).

Teil der DDR noch die Gemeinden Ebersbrunn, Ebersdorf, Ebersgrün, Ebersroda, Eberstedt und Eberstädt.

Am Rande der Alpen östlich von München liegt die bayrische Kreisstadt Ebersberg, in Baden-Württemberg am rechten Neckarufer in der Nähe Heidelbergs die Stadt Eberbach. Diese gab 1917 eine Notmünze mit einem Schwein als Münzbild heraus. Die Ebernburg in der bayrischen Pfalz gehörte den Herren von Sickingen. Sie ist auch der Geburtsort des protestantischen Landsknechtsführers Franz von Sickingen, der vielen Anhängern der Reformation, z. B. Ulrich von Hutten und Philipp Melanchthon, in seiner „Herberge der Gerechtigkeit“ Zuflucht gewährte.

Die Etymologie des Namens der Stadt Schweinfurt am Main in Unterfranken ist nicht eindeutig geklärt. Neben der Deutung des Ursprungs als swinafurt (mhd. swinen = abnehmen, schwinden), „Schwundfurt“ (seichte Furt oder Schweineschwemme) gibt es auch die Ableitung von svevenfurt (Schwabenfurt). Auch sonst führt noch eine ganze Reihe von Gemeinden den Wortstamm Eber, Schwein oder Sau (Schweinebrück, Schweinhausen, Schweinheim, Schweinsberg, Schweinshaupten, Schweinsbühl u. a.).

Dem Namen der Stadt Schweinitz an der Schwarzen Elster bei Cottbus liegt das slawische Wort svinija zugrunde, später swinze genannt, was soviel wie Wildschweinbach oder -wald bedeutet. Das Wappentier ist ein springendes schwarzes (Wild-)Schwein. Die Gemeinde Schweina (ahd. swinaha) bei Bad Liebenstein in Thüringen ist vermutlich aus einer Schweinehütersiedlung hervorgegangen. In den ortsnahen Eichenwäldern hielt man früher große Schweineherden. Die schlesische Stadt Schweidnitz (jetzt Świdnica, Polen) hatte in ihrem viergeteilten Wappen auch einen Keiler und im 15. Jahrhundert silberne Hohlpfennige mit einem Eberkopf als Münzbild geprägt.

Bemerkenswert ist, daß die bekannten negativen Assoziationen zum Begriff Schwein es anscheinend bisher nicht zugelassen haben, daß hellfarbene Hausschweine in Ortswappen aufgenommen wurden.

Essen vom Schwein

Bis hierher haben wir den grunzenden Vierbeiner durch Geschichte und Geschichten begleitet. Er sollte uns so weit sympathisch werden oder bleiben, daß er uns auch gut schmeckt. Damit wären wir bei seinem letztendlichen und wichtigsten Zweck, dem der menschlichen Ernährung.

Obwohl im Altertum Babylonier, Ägypter und andere Völker im Nahen und Fernen Osten schon vor Beginn unserer Zeitrechnung Schweine in größerer Menge hielten und verzehrten, galten diese Tiere vielfach doch als „unrein" und ihr Fleisch als nicht ganz vollwertig. Es war anscheinend auch relativ billig. Das Haltbarmachen des Fleisches mittels Salzen bzw. Pökeln kannte man vermutlich schon im alten Babylon.

Früheste Zubereitungsart sowohl von Wild- als auch von Hausschweinen war das Braten der ganzen oder zerteilten Tiere am Spieß über offenem Feuer. Das Wertvollste vom Schwein war das gebratene Rückenstück. Später, im Griechenland der Antike, benutzte man dann schon Pfannen zum Fleischzubereiten. Die mehr asketisch lebenden Bewohner des Stadtstaates Sparta hatten die sogenannte Schwarze Suppe zum Hauptgericht vom Schwein gemacht: Schweinefleisch in Blut gekocht, mit Essig und Salz gewürzt. Andere nannten dieses Gericht Spartanersuppe. Bei den von Lykurg 883 v. u. Z. angeordneten öffentlichen Mahlzeiten schien allerdings das Fleisch in dieser Suppe gefehlt zu haben. Weniger pingelig wegen angeblich negativer Eigenschaften des Schweines und seines Fleisches waren die Bewohner des Römischen Reiches. Es gibt eine Reihe von Berichten römischer

Abb. 96. Darstellung eines altrömischen Fleischerladens (2. Jahrhundert u. Z.). Aus: Potthoff, O. D.: Illustrierte Geschichte des Deutschen Fleischer-Handwerks vom 12. Jahrhundert bis zur Gegenwart. Askanischer Verlag, Berlin 1927.

Schriftsteller über die dortigen Verzehrsgewohnheiten, vor allem seit Beginn unserer Zeitrechnung, als aus der Republik das römische Kaiserreich wurde. Das Schwein avancierte damals und dort zu einem der hauptsächlichsten Nahrungsmittellieferanten. Einen Eindruck von einer Fleischerei jener Zeit vermittelt die Abb. 96.

Plinius der Ältere hat das Schwein in besonderer Weise gewürdigt (77 u. Z.): Nach seiner Ansicht gibt es keine andere Tierart, die mehr Speisen von verschiedenem Geschmack liefert, deren Fleisch mehr Zubereitungsformen und Verzehrsgenüsse erlaubt. Wenn solches von anderen Tieren nur einerlei Geschmack habe, so hat das Schwein dagegen fünfzigerlei. Ein anderer Römer nannte das Schwein „animal propter convivia natum", das zum Schmausen geborene Tier.

Die fortgeschrittene soziale Differenzierung ermöglichte es den Angehörigen der obersten Schichten der etablierten Sklavenhaltergesellschaft, neuartige und absonderliche kulinarische Genüsse zu erfinden. Geradezu sprichwörtlich geworden sind die Tafelfreuden und Prassereien des römischen Feldherrn Lucius Licinius Lucullus (um 117 bis um 57 v. u. Z.). So galt bei den Römern die Leber als Delikatesse, speziell von solchen Schweinen, die mit trockenen Feigen intensiv gemästet worden waren. Kurz vor dem Schlachten tränkte man diese Schweine noch reichlich mit Met (Honigwein). Ergebnis war eine gelblich gefärbte, fettig entartete Leber. Dies soll eine Erfindung oder Empfehlung des in der Zeit des Kaisers Augustus lebenden Schlemmers Marcus Gavius Apicius gewesen sein. Apicius hatte zu Beginn unserer Zeitrechnung auch ein bedeutsames Kochbuch verfaßt („In re quoquinaria"). Es enthielt neben vielem anderen zahlreiche Rezepte für Schweinefleisch, Würste und Soßen, z. B. „Bestreue das rohe Fleisch reichlich mit Salz, brate es im Ofen und serviere es mit Honig". Drei Vorschläge für gewürzte Soßen sind diesem angefügt. Apicius' Kochbuch benennt 9 Zubereitungen von Schweinefleischstücken und 14 Zubereitungsarten von ganzen Ferkeln mit vielfältigen Füllungen.

In Schlemmerkreisen hielt man die Fortpflanzungs- und Sexualorgane des Schweines für etwas Besonderes und hatte sie zu speziellen Delikatessen entwickelt, sicher in der Hoffnung, damit die eigenen sexuellen Potenzen zu stärken. Dazu zählten Gebärmutter und Scham der Sauen, Gesäuge bzw. die Gesäugezitzen, Eierstöcke und Hoden, natürlich entsprechend gewürzt zubereitet. Bei dem griechischen Schriftsteller Plutarch (um 46–um 120 u. Z.) heißt es dazu:

„Vulva porci nihil dulcius ampla" (es gibt nichts Lieblicheres als die Schweinevulva). Eine andere ausgefallene Darbietung für Festmähler war das sogenannte Trojanische Schwein (porcus troianus, wohl auch von Apicius erfunden). Jeder kennt das Trojanische Pferd, in dessen hölzernem Bauch nach dem Vorschlag des griechischen Sagenhelden Odysseus die griechischen Eroberer versteckt und in das Innere der belagerten Stadt Troja gelangt waren. Ein zubereitetes, auf dem Rücken liegendes Schwein wurde feierlich hereingetragen. Der Hausherr oder sein Beauftragter eröffnete mit einem Messer und entsprechendem Zeremoniell die Bauchhöhle. Da flogen Drosseln heraus, und in der Bauchhöhle fanden sich zubereitete kleine Vögel, Eier, Austern, gepfefferte Fleischklößchen und ähnliche Leckerbissen.

Ein Repräsentant höchsten Lebensgenusses und „Schiedsrichter des feinen Geschmacks" war auch der römische Schriftsteller Petronius, der im Jahre 66 u. Z. von Kaiser Nero zum Selbstmord gezwungen wurde.

Aus dem „Gastmahl des Trimalchio" des Petronius, wo ein mehrtägiges Gelage beschrieben wird, hier einige Auszüge:

„Ein rundes Tablett trug, zum Kreis geordnet, die zwölf Sternbilder, und zu jedem hatte der Tafelkünstler eine passende Speise gelegt: ... zu den Zwillingen Hoden und Nieren, zur Jungfrau die Gebärmutter einer Jungsau. –

Draußen vor dem Speisesaal erhob sich ein mächtiger Lärm, und Jagdhunde rannten um den Tisch. Ihnen folgte eine Platte, auf der ein Eber erster Größe lag. An seinen Hauern hingen zwei aus Palmwedeln geflochtene Körbchen, mit Datteln gefüllt. Ringsherum aber lagen lauter kleine, aus Teig geformte Ferkel, als ob sie sich um die Zitzen balgten. Zum Aufschneiden des Keilers erschien ein massiger Kerl. Der zückte sein Jagdmesser und stieß es heftig dem Keiler in die Seite, und aus dem Hohlraum flatterten Krammetsvögel (Wacholderdrosseln) heraus.

Nachdem zu einem Musikstück die Tafeln abgeräumt worden waren, wurden drei weiße Schweine in den Speisesaal geführt, geschmückt mit Halftern und Glöckchen. Das eine war zwei Jahre alt, das andere drei, das dritte aber schon sechs. Trimalchio rief: ‚Welches von den dreien wollt ihr sofort zum Mahl vorgesetzt haben?' Seine Schwafelei war noch nicht zu Ende, als eine Platte mit einem riesigen Schwein gebracht wurde, die den ganzen Tisch einnahm. Wir verfielen in Bewunderung über diese Schnelligkeit. Trimalchio rief: ,Was ist denn das? Ist das Schwein nicht ausgeweidet worden? Heda, her mit dem Koch!' Man riß dem Koch die Kleider herunter, und betrübt stand er zwischen zwei Prügelknechten. ,Also dann weide es hier vor unseren Augen aus.' Der Koch streifte seine Tunika wieder über, ergriff ein Schlachtmesser und schnitt mit behutsamer Hand den Bauch des Schweines erst an der einen, dann an der anderen Seite auf. Sofort erweiterten sich durch die Last von innen her die Schnitte, und heraus kullerten lauter verschiedene kleine Würste. Alle spendeten nach diesem Kunststückchen Beifall. Der Koch wurde nicht nur mit einem Trunk ausgezeichnet, sondern auch mit einem silbernen Kranz. Und den Becher erhielt er zum Geschenk."

Zensoren versuchten gegen solche und andere Exzesse mit Verbotsdelikten anzugehen, sie blieben aber nach den damaligen Aussagen weitgehend erfolglos. Mehr nebenbei wird erwähnt, daß die normalen Bürger (die Sklaven waren ausgenommen) Schweinefleisch ähnlich wie wir heutzutage aßen, als gebratenes Lenden-, Rippen- oder Bauchstück, als Schinken, Wurst und Leber. Schinken und andere Produkte importierte man auch aus Gallien und Germanien (z.B. von den Marsern, die damals im jetzigen Westfalen wohnten). Einsalzen bzw. Pökeln und Räuchern als geschmackverbessernde Konservierungsverfahren waren bereits bekannt. Der Verzehr rohen Schweinefleisches war nicht üblich. Einige Römer, wie der Enzyklopädist und Medizinschriftsteller Aurelius Cornelius Celsus (um 30 u. Z.), warnten auch vor dem Verzehr von Schweinefleisch.

Die frühe Feudalgesellschaft der germanischen Stämme beschränkte sich auf einfachere Zubereitungsarten. Schweinefleisch, Speck und Schinken zählten zu den Lieblingsspeisen der Germanen. Das Fleisch genossen sie geröstet und gebraten, gekocht, gedünstet oder geräuchert. Ein römischer Schriftsteller berichtet auch über angeblichen Rohverzehr. Zum Konservieren dienten Trocknung, Räuchern und je

Abb. 97. Mittelalterliche Szene mit einem Schwein vor dem Schlachten. Ausschnitt aus einem Kalendarium um 818 (Salzburg). Aus: Epperlein, S.: Der Bauer im Bild des Mittelalters. Urania-Verlag, Leipzig–Jena–Berlin 1975.

nach Salzverfügbarkeit auch das Einsalzen (Pökeln). Man verwertete vom beliebten und weit verbreiteten Schwein nahezu alles, alle Weichteile, Schwarte und Blut; auch Würste stellte man in verschiedener Form her. Die Wikinger nahmen auf ihre Fahrten gern gepökeltes und geräuchertes Schweinefleisch mit, weil es anscheinend weniger austrocknete als anderes Fleisch. Bonifatius (um 672–754), Wegbereiter des Christentums im germanisch-deutschen Raum, hatte im Jahre 736 verfügt, daß Schweinefleisch und Speck nur geräuchert oder gesalzen verzehrt werden dürften, Pferdefleisch dagegen nicht. Zahlreiche schriftliche Quellen, vor allem Kalendarien, geben von der weiten Verbreitung des Schweinefleischessens Zeugnis (Abb. 97).

Speisen der deutschen Bauern waren im Mittelalter vor allem Hirse- und Haferbrei als Alltagsessen, sogar bis ins 19. Jahrhundert hinein, weiter gesalzener Fisch, gepökeltes Fleisch und Rüben. Natürlich gab es territoriale und andere Besonderheiten. Das Gesinde auf den Gütern der Landesherren (Domänen) bekam zeitweise sogar an drei Tagen in der Woche Fleischgerichte, wie für Kursachsen beschrieben.

Über die vielfältige Verwendung des Schweines im Mittelalter gibt ein Gedicht des „Königs vom Odenwald" Auskunft. Unter dem wunderlichen Namen des Autors verbirgt sich vermutlich der Hauskoch des Würzburger Bischofs Otto von Wolfskehl (gestorben 1345), dann vielleicht Michaels de Leone, des bischöflichen Protonotars in Würzburg. Das Gedicht*) in ostfränkischem Dialekt wird in den Zeitraum zwischen 1340 und 1354 datiert.

Das Folgende ist eine Kunde vom Schwein
und auch von seinem Nutzen.
Abgefaßt hat sie recht schnell
der König vom Odenwald.

Da ich nun einmal kein Unbekannter bin,
spricht mich mancher an: „Nun denn!
Wir sollten wieder etwas Neues erfahren,
König, erzähle uns etwas Schönes!"
Weil ich also mit Neuem aufwarten muß,
will ich über das Schwein berichten.
Deren Quieken muß man zu Recht ertragen –
sie liefern uns die Leberfüllen,
mit Zutaten versehen und gebraten
(wohl denen, die sie hatten!),
gebrüht und gebacken;
darum sind sie kräftig.
Jetzt werde ich
viererlei Würste vorstellen:
vom Hirn und vom Blut,
auch heiße Leberwürste
und Fleischwürste,
die kann man lange aufbewahren.
Fleischstücke vom Feuer

*) Für die Übertragung des Originaltextes in das Neuhochdeutsche sei Prof. Dr. Heinz Mettke (Jena) herzlich gedankt.

verhelfen auch zur rechten Stimmung
und beträufelte Schnitten darunter,
(da ist es kein Wunder).
Kopf, Ohren, Schwanz, Füße
vereint mit dem Rüssel,
und die vier Schweinefüße
in Essig und in Gallert.
Von Zunge, Milz und dem Magen
muß ich König sagen:
daraus werden Beigerichte.
Nun beachtet weiter, was ich berichte!
Den Rüssel verwendet man ebenfalls gut,
wozu er immer nützlich ist.
Dazu hat man Speck auf Erbsen,
in das Huhn und an den Spieß.
Wo immer es gesottene Hühner gibt,
Speck und Petersilie gehören daran.
Außerdem füg ich noch eines hinzu:
die Grieben im Mus und auf dem Brei,
Pfannkuchen und Krapfen
sind allesamt vom Schwein,
Klöße von Innereien,
die kommen sich so munter vor;
wie edles Wildbret ist es.
Ich berichte Euch vom Schweine noch Besseres:
Schultern und Schinken
ernähren Mädchen und Ammen.
Vom Schwein kommt das Fett fürs Kraut,
das essen Bräutigam und die Braut.
Es ist die allgemeine Sitt':
man verfeinert alle Gerichte damit.
Ein wenig Speck an die Fische,
wenn ich nur etwas davon abbekäme!
Die Zähne verwenden, wer sich darauf versteht,
Frauen oder Männer.

Zu dicken Fettklumpen und zum Schmalz
muß man haben Salz.
Man schmiert damit an vielen Stellen
Leitern, damit sie glatt werden.
Bücher, Sättel und Gelenkschoner
werden durch die Haut erst fest.
So haben die kräftigen Schmiede
aus dem Leder ihr Schurzfell.
Riemen auf dem Helme
führen sie in dem (Kampfes-)Staub.
Schnürsenkel und Binden (erwerben sie),
wo sie angeboten werden.
Riemen zum Schermesser,
das hört' ich selber und sah es auch,
daß er daran viel streicht,
wenn er die Bärte scheren will.
Es werden auch von der Haut
schmale und breite Gürtel angefertigt.
Ich erzähle Euch auch Wahres über die Borsten:
Mit ihnen glätten sie das Haar;
kein Schuhmacher
kann auf die Borsten verzichten;
Weber und auch die Maler
wollen die Borsten haben;
außerdem verwendet sie jeder Goldschmied
bei der Anfertigung seiner Kunstwerke.
Mit den Borsten kann man
Gläsern den rechten Glanz verleihen, wenn es einer versteht.
Ja, die Borsten sind sogar kostbar:
man fügt sie in den Weihwedel,
den man in guter Absicht verwendet:
daß Gott einen immer in seiner Obhut behalte.
Der König hat dies gedichtet,
wenn es einer kann, soll er es besser machen!

Während des späten Mittelalters und zu Beginn der Neuzeit (etwa ab 15. Jahrhundert), also in der entwickelten Feudalgesellschaft, nahmen „Fressereien und Saufereien" zu. Bei repräsentativen Gastmählern, Familienfeiern und anderen Gelegenheiten stand Schweinebraten vielfach im Mittelpunkt, so bei Hochzeiten, zu Weihnachten und Ostern. Oft wurden die Schweine als Ganzes zubereitet und auf einer hölzernen Tafel hereingetragen, also „aufgetafelt", und dann kunstvoll tranchiert. Auf der fürstlichen und adligen Tafel hatte allerdings jahrhundertelang das Wildbret Vorrang, dann aber auch bis ins 20. Jahrhundert das große Bratenstück.

Alltags war es bis vor etwa 300 Jahren üblich, daß die gemeinsame Essenschüssel auf dem Tisch stand, aus der sich die Familienmitglieder und Gäste mit Fingern bedienten und die Fleischstücke herausnahmen. Schmatzen, Rülpsen und noch weniger feine Geräusche drückten beim Essen Wohlbehagen aus. Martin Luther hat dies, wie bekannt, volkstümlich-drastisch zum Ausdruck gebracht. Die neue Eßkultur nahm vom französischen Hof des 16./17. Jahrhunderts ihren Ausgang, auch mit neuen Zubereitungsarten, wie Frikassees, Ragouts, gewürzten Soßen. Teller und Bestecke kamen in dieser Zeit auf. Erst im 18. Jahrhundert verbreitete sich das Eßbesteck mit Löffel, vierzinkiger Gabel und Messer mit leicht bauchiger Schneidefläche. Gabeln benutzte man ab Ende des 16. Jahrhunderts. Bis dahin brachte jeder seinen Holzlöffel oder sein Fleischmesser zum Essen mit. Auch die hohen Herren, d. h. Adel, Fürsten, Kleriker, aßen früher das meiste mit den Fingern. Handwerksgesellen haben anscheinend früher öfters gegen die schlechte Verpflegung durch ihre Meister bzw. Meisterin protestiert. Im Kontrast dazu der Beleg, daß die Erzbischöfe von Köln im Hochmittelalter für ihre Tafel täglich bis zu 24 große und 8 mittlere Schweine, die Äbte von Corvey 5 fette Schweine, ein „nicht feistes" Schwein und 2 Ferkel beanspruchten.

Zu den ältesten gedruckten Kochbüchern zählt das des Italieners Platina (gestorben 1481), das im Jahre 1542 ins Deutsche übersetzt worden ist. Sein verkürzt wiedergegebener Titel lautet:

„Von der eerlichen, zimlichen, auch erlaubten Wolust
des leibs, Sich in essen, trincken, kurtzweil etc. ...
zu gebrauchen mügen ..."

Hieraus einige Auszüge zur Bereitung von Schweinefleisch:
„Wann du Sewfleysch einsaltzest / so leg vundenn an boden dick saltz / die stuck darauff / das der rucke vn haute allweg vbersich sehe / Laß das fleisch so lang drinn ligen / biß es das saltz angenommen hat / hencke es auff darnach an rauch / Da nimb darnach zu seiner zeit speck / hamen / teuch / wampst / vnnd was du wildt /".

„Ein gut essen von flaysch.
Stüd ein pfundt faißtes schweines flaysch gekocht / zerschneid es mit eine halb pfundt altes käses / thu ein wenig ein faiste auch darunter / auch mit wolriechenden kreutern klein geschnitten / misch pfeffer / Imber / negelin darzu / Etlich thund Capaunen hertz wol gestossen dran / mache ein taig von mel an fein dinn / wickle es drein bey einer Castanien groß / kochs in ainer brü die faysste sey / thu saffran dran / es ist bald gar / richts an / besprenge es mit gutem gewürtz / vnd zertribnem käß /".

Als Kuriosa seien zwei Rekorde aus der Geschichte der Wurst angeführt. Zum Neujahrstag des Jahres 1601 hat man im ehemaligen Königsberg (jetzt Kaliningrad) eine 1005 Ellen lange, das sind rund 670 Meter, und 885 Pfund schwere Wurst angefertigt. 103 „Fleischhauerknechte" trugen sie zum Schloß, wo „Ihro Fürstliche Gnaden" 130 Ellen davon gegessen haben soll, vermutlich mit seinem Hofstaat. Die Herstellungskosten bezifferte man auf 412 Taler. Aus Wien, das sicher nicht nachstehen wollte, vermeldet die Quelle aus dem Jahre 1613 eine 999 Ellen lange Wurst, hergestellt zu einem kaiserlichen Fest. Hier sollen 20 Männer das Tragen bewältigt haben.

Zedler verzeichnet in seinem Universal-Lexikon von 1743

Abb. 98. Schweinehaltung auf der Weide (18. Jahrhundert). Nach Florini, aus: Dettweiler, F., und Müller, K.: Lehrbuch der Schweinezucht. Paul Parey, Berlin 1924.

ebenfalls, daß Schweinefleisch auf vielerlei Art zugerichtet werden kann. Er will anscheinend den Römer Plinius noch übertreffen und gibt 65 Zubereitungsarten von Haus- und Wildschwein an, z. B. Schweinefleisch frisch, mit Sauerkraut auf gemeine Art; Schweinefleisch mit Sauerkraut anders; Schweinefleisch mit Sauerkraut im Backofen; Schweineohren mit Senf; Schweißwürste mit Sauerkraut; Schweißwurst mit durchgestrichenen Erbsen.

Bevor sich der Fleisch- und Wurstverkauf in einem mit dem handwerklichen Verarbeitungsbetrieb verbundenen Ladenraum durchsetzte, erfolgten Kauf und Verkauf in den städtischen Kommunen in den sogenannten Fleischbänken, die sich in der Regel direkt am Markt befanden. Ein anschauliches Beispiel sind dafür die mittelalterlichen Fleischbänke im thüringischen Neustadt/Orla.

Abb. 99. Fleischverkauf im 18. Jahrhundert. Aus: Potthoff, O. D.: Illustrierte Geschichte des Deutschen Fleischer-Handwerks vom 12. Jahrhundert bis zur Gegenwart. Askanischer Verlag, Berlin 1927.

Vor der zumeist im Spätherbst erfolgenden Schlachtung trieb man die Schweine auf die Weide, zumeist in Eichen- und Buchenwälder, um sie noch etwas aufzumästen (Abb. 98). Wie es noch vor 200 Jahren an manchen Orten beim Fleischverkauf ausgesehen haben mag, verdeutlicht die Abb. 99.

Durch militärische Aktionen und Besetzungen fremder Länder, zunehmenden Handel und Wandel und verstärkte Reisetätigkeit kam es auch zu einer geographischen Um- und Neuverteilung von Verzehrsgewohnheiten und Rezepten. Als ein für Mitteleuropa neues Gericht soll Mitte des 19. Jahrhunderts das Schnitzel vom österreichischen Feldmarschall Radetzky aus Italien mitgebracht worden sein. Radetzky hat danach in seinem Bericht über den norditalienischen Feldzug von 1848/49 den Kaiser auch darüber informiert, daß die Mailänder ein Stück Schweinskeule zuerst in Ei und Semmelbrösel legten und dann erst brieten. Der österreichische Kaiser ordnete seiner Küche diese panierte Fleischzubereitung an. Danach sei das Schnitzel bald auch in den Restaurants bekannt geworden (Bauer, 1967). Für das echte „Wiener Schnitzel" verwendet man bekanntlich aber vorrangig Kalbfleisch.

Während im 15. und 16. Jahrhundert der Fleischverbrauch in Deutschland rund 100 kg je Kopf betragen haben soll, hatte sich dieser im 17. und 18. Jahrhundert erheblich verringert, und zwar bis auf etwa 14 kg im Jahre 1800. Dazu trugen mehrere Faktoren bei, beim Schwein unter anderem die Abnahme der verfügbaren Weidefläche. Erst im Verlauf des 19. Jahrhunderts stieg der Gesamtfleischverzehr wieder allmählich an und erreichte um 1900 43 kg, davon rund 28 kg Schwein (= 62 %), im Jahre 1913 dann 49,5 kg je Bewohner und Jahr.

Das Schlachten von Schweinen feierte man in vielen Gegenden auf den Gehöften als Schlachtfest, möglicherweise ein Nachklang früherer Opferfeste. In verschiedenen Ländern und vielen Gegenden war und ist ein solches Schweineschlachtfest oft eine Angelegenheit des ganzen Dorfes. Viele Verwandte, Nachbarn usw. nahmen daran teil, leisteten teilweise Hilfe. An viele verteilte man Kostproben der frischen Erzeugnisse. Für den französischen Ort Minot bei Dijon hat man alle Handlungen, Verhaltensweisen und Gebräuche solcher Schlachtfeste beschrieben und sozial ausgedeutet (Le porc domestique, Paris 1976). Das zu schlachtende Schwein hieß hier „le monsieur". Es schrie vorher laut und lange durchs Dorf. Je länger die Agonie dauert, um so besser würde der Speck geraten. Das Salzen bzw. Pökeln war Angelegenheit der Männer. Frauen hat man hiervon abergläubischerweise als „unrein", wegen ihrer möglichen Regelblutungen, ausgeschlossen. Ihnen oblagen aber dafür das Kochen und Herstellen der Wurst, insbesondere der Kochblutwurst. Sexuelle Bezüge kommen dabei zum Ausdruck.

Ähnliches wird von den melanesischen Inseln im Pazifischen Ozean berichtet. Die Aufzucht der Schweine ist Angelegenheit der Frauen der Eingeborenen, für das Schlachten aber sind die Männer zuständig. Die Frauen müssen sich hierbei ebenfalls wegen angeblicher menstruell bedingter Unreinheiten und diesbezüglicher Gefahr für die Fleischqualität fernhalten. Auch Männer, die gerade Geschlechtsverkehr hatten, dürfen bei manchen Stämmen Schlachttiere und Fleisch nicht berühren. Stellenweise gibt es weiterhin Tabus für den Verzehr, z. B. für Mädchen zur Zeit ihrer ersten Regelblutung, für Frauen nach einer Entbindung.

Daß manchen volksverbundenen Dichter und Schriftsteller auch das Schweineschlachten zum Thema wurde, kann nicht überraschen.

Der schwäbische Dichter Ludwig Uhland (1787–1862) verfaßte im Jahre 1814 sein Metzelsuppenlied (Metzelsuppe = Wurstsuppe).

Metzelsuppenlied

Wir haben heut' nach altem Brauch
ein Schweinchen abgeschlachtet;
der ist ein abgefemter Gauch,
wer solch ein Fleisch verachtet.
Es lebe zahm' und wildes Schwein!
Sie leben alle, groß und klein,
die blonden und die braunen!

So säumet denn, ihr Freunde, nicht,
die Würste zu verspeisen,
und laßt zum würzigen Gericht
die Becher fleißig kreisen!
Es reimt sich trefflich Wein und Schwein,
und paßt sich köstlich Wurst und Durst;

bei Würsten gilt's zu bürsten.
Auch unser edles Sauerkraut,
wir sollen's nicht vergessen;
ein Deutscher hat's zuerst gebaut,
drum ist's ein deutsches Essen.
Wenn solch ein Fleischchen weiß und mild
im Kraute liegt, das ist ein Bild
wie Venus in den Rosen.
Und wird von schönen Händen dann
das schöne Fleisch zerleget,
das ist, was einem deutschen Mann
gar süß das Herz beweget.
Gott Amor naht und lächelt still
und denkt: „Nur daß, wer küssen will,
zuvor den Mund sich wische!"
Ihr Freunde, tadle keiner mich,
daß ich von Schweinen singe!
Es knüpften Kraftgedanken sich
oft an geringere Dinge.
Ihr kennet jenes alte Wort,
Ihr wißt: es findet hier und dort
ein Schwein auch eine Perle.

In seinem autobiographischen Roman „Der Laden" erzählt der schon zitierte Erwin Strittmatter (geboren 1912) aus seiner Jugendzeit auch über das Schlachten (Hausschlachtung von Schweinen) in der Lausitz. Hieraus einige Passagen:

„Tauben und Hühner, Gänse und Puten, Ziegen und Schafe und Enten werden auf den Bauernhöfen unfeierlich getötet. Man richtet sie her und ißt sie auf. Das Schlachten der Schweine ist ein Fest. In der Schule wird Schweineschlachten wie ein Todesfall in der Familie behandelt. Schüler, bei denen zu Hause Schweineschlachten herrscht, sind für ihr Fehlen von vornherein entschuldigt …

Schweineschlachten ist unvermeidlich, ist so selbstverständ-

lich wie bei den Urvätern des Kannibalismus. Wir alle sind Kannibalen, nur meine Mutter macht an solchen Tagen den ersten kleinen Schritt zur Menschlichkeit hin: Sie kniet, wenn das Schweineschreien auf dem Hof beginnt … vor den Ehebetten und steckt den Kopf unters Deckbett …

Sobald das Schlachtschwein getötet ist, fängt es an, als wär das ein Ausgleich für sein Leben im engen Koben, seinen Tod im Hause, im ganzen Anwesen und in der Umgebung auszubreiten. Ausgeschlachtet und Wurst gemacht wird in der Waschküche. … Sobald das Wellfleisch fertig ist, werden die ersten Gäste betafelt, und der Brodem vom toten Schwein zieht in das Haus ein. …

Dem Kochfleisch-Dunst folgt der Schweinedarm-Dunst. Er zieht mit den Würsten ins Haus. Ihm folgt der Fettgeruch. … Den letzten Schub Ausgleich für sein trostloses Leben verschafft sich das Schwein mit etwas, was an Händen und Fingern der Menschen klebt: Es gibt im Hause nichts, was nicht fettig ist. …

Wir sind noch immer beim Schlachtfest. In der Abenddämmerung kommen die Schulkinder in Gruppen, stellen sich unters Fenster und grunzen wie Schweine. Das Grunzen ist der Auftakt zu einem Sprüchlein, das sie hersagen: „Roch, roch, habens gerochen / habtn fettes Schwein gestochen." Das Wurstbetteln ist eine Sitte auf der Heide, die noch aus sorbischen Zeiten kommt. … Zum Verschenken werden mindere Würste angefertigt, Grützwürste.

Jedes Mal, wenn ich vom Wurstbrühe-Austragegang zurückkomme, ist die Stimmung in der Schlachtfeststube um einige Grade gestiegen. … Meine Mutter brät in der Küche Schlachttag-Karbonaden, frisch, frisch, ff, fein, fein! Karbonaden als Gegengift gegen die Schnäpse, die die Gäste wiederum als Gegengift gegen das fette Wellfleisch in sich hineingossen. …"

In einigen Ländern gehörte es zu den alten Bräuchen, zum Weihnachtsfest einen zubereiteten Schweinskopf auf den

Tisch zu stellen. Von Weihnachten bis zum Jahreswechsel hin war und ist in Dänemark Schweinefleisch in verschiedenen Zubereitungen das Hauptgericht. Wenn auch in den Städten zunehmend Gans und Pute zum Fest verzehrt werden, so dient dann in diesem Land zumindest ein Marzipanschweinchen als Nachtisch und Festsymbol.

Zur Versorgung der zahlenmäßig stark anwachsenden Bevölkerung in den Städten und zwecks Fleischgewinnung unter hygienischen Bedingungen verlagerte man gegen Ende des 19. Jahrhunderts die Schlachtungen mehr und mehr in städtische Schlachthöfe, die dazu in größerer Anzahl damals neu errichtet worden sind. Für gewerbliche Schlachtungen kam der Schlachthauszwang auf.

Im damaligen Preußen regelte man per Gesetz im Jahre 1868 „die Errichtung öffentlicher ausschließlich zu benutzender Schlachthäuser“. Begründung war, den Einwohnern eine gesunde Nahrung zu sichern, die Luftverderbnis zu vermindern und Gefahren, die durch das (damalige) Treiben der Schlachttiere durch die Straßen entstehen, zu verhindern. In dem neuen „Central-Schlacht- und Viehhof“ von Berlin kamen 1895 neben Hunderttausenden von Rindern und Schafen jährlich rund 500 000 Schweine zur Schlachtung. Die 1,6 Millionen Einwohner verzehrten damals annähernd 50 Millionen Kilogramm Schweinefleisch, durchschnittlich 29 kg pro Kopf und Jahr. Daneben verblieben bis heute die sogenannten Hausschlachtungen. Schlachthäuser gab es aber schon im alten Rom und vereinzelt in mittelalterlichen Städten.

Seit Mitte des 19. Jahrhunderts bis Mitte des 20. Jahrhunderts mästete man vorrangig fette Schweine. Den in Stadt und Land arbeitenden Menschen wurden zumeist schwere körperliche Leistungen abverlangt; sie brauchten dazu energiereiche („kalorienreiche“) Nahrungsmittel. Hierzu waren Speck, Schmalz und fettes Fleisch beliebt. Von den schnellwüchsigen, aber überfetteten und manchmal fast kugelrunden Schweinetypen des 19. Jahrhunderts ist man in den letzten Jahrzehnten abgekommen. Seit etwa 1960 vollzog sich ein rascher Übergang zur Zucht und Mast schlankerer, fettärmerer, aber trotzdem vollfleischiger und schnell wachsender Schweine.

Im Nordteil Taiwans mästete man bis in jüngste Zeit zu Ehren Buddhas ausgewählte Schweine der seltenen schwarzfarbigen Taoyung-Rasse bis auf mehrere hundert Kilogramm Körpermasse. Da sie so fett wurden, daß sie nicht mehr laufen konnten, trug man sie an Bambusstangen anläßlich Buddhas Geburtstag zum Tempel, schmückte sie dort und verzehrte sie dann feierlich. Besteller oder Käufer eines solchen Schweines sollen heute dafür umgerechnet Zehntausende Mark bezahlen. Auch aus der Vergangenheit Japans kennt man solche fetten, zur Fortbewegung nicht mehr fähigen Schweine, die an den zusammengebundenen Beinen auf einer Stange getragen wurden.

Nach wie vor wird insbesondere im deutschsprachigen Raum die kulinarische Vielseitigkeit des Schweines genutzt. Vom Kopf bis zu den Füßen, den „Spitzbeinen", ist nahezu alles verwend- und eßbar. Durch Pökeln und Räuchern lassen sich zusätzliche Geschmacksnuancen gewinnen.

Ganz ohne Zweifel trifft die Charakteristik von Haxelton (Amsterdam 1970) zu:

„Fleisch ist der Eckpfeiler der deutschen Küche und der Braten das deutsche Nationalgericht. Ein Braten kann gebratenes Schweinefleisch, was am volkstümlichsten ist, Rindfleisch oder Kalbfleisch sein. Gegessen werden vor allem Kotelett und Schnitzel, Steak oder einfach Braten aus frischem oder geräuchertem Fleisch. Das köstlichste Gericht sei Kasseler Rippenspeer. Es gibt Hunderte von Wurstsorten, die als Roh-, Brüh-, Koch- oder Bratwurst verzehrt werden. Das Schwein ist das beliebteste Schlachttier."

Dem Vorgenannten sollen als beliebte Gerichte Eisbein*), gegrillter Schweinekamm („Rostbrätchen"), Karbonaden („Buletten") und Sülze hinzugefügt sein. Neben den bewährten Formen und Rezepturen wird gerade bei Wurstwaren nach immer neuen Spezialitäten gesucht. So bietet neuerdings eine BRD-Firma eine Dauerwurst in Schweinchenform an. In Deutschland werden etwa 50 Prozent des Schweinefleischaufkommens als Ladenfleisch angeboten, die anderen 50 Prozent zu Fleisch- und Wurstwaren verarbeitet. Im Gegensatz zu unserem hohen Wurstverzehr steht beispielsweise in Frankreich Kochschinken an vorderster Stelle des Verbrauches.

Den Nährstoffgehalt von Schweinefleisch und einiger Fleisch- und Wurstwaren (in 100 g käuflicher Ware) weist die folgende Übersicht aus (Haenel, 1979; Möhr und Pankraths, 1987):

	Energie		Eiweiß	Fett		Cholesterol
				gesamt	essentielle Fettsäuren	
	kJ	kcal	g	g	g	mg
Schweinefleisch (bezogen auf ganze Hälften)						
mager	1300	310	11,0	27	2,8	50
mittelfett	1600	330	9,6	37	3,9	53
Schnitzel, Filet	750	180	20,0	9	0,9	60
Kotelett, Kamm	1300	300	12,0	26	2,7	52
Bauch	1300	320	8,4	30	3,2	46
Gekochter Schinken, mager	1000	270	19,0	19	2,0	68
Jagdwurst	1300	300	12,0	27	2,6	86

*) Der Name rührt daher, daß man früher aus den zugehörigen Röhrenknochen für die Kinder Schlittschuhe geschnitzt hat.

	Energie		Eiweiß	Fett		Cholesterol
				gesamt	essentielle Fettsäuren	
	kJ	kcal	g	g	g	mg
Wiener Würstchen, Bockwurst	1300	320	10,0	30	2,7	84
Roher Schinken, geräuchert	1400	430	16,0	29	3,0	75
Gutsleberwurst	1600	380	13,0	37	3,8	170
Teewurst	1900	460	12,0	44	4,5	74
Zervelatwurst, ausgereift	2100	490	18,0	45	4,7	72
Speck, mager	2600	610	8,4	60	6,3	74
Schmalz	4000	950	0,1	100	10,0	94

Schweinefleisch (100 g käufliche Ware, mittelfett wie oben) enthält (in mg) an Vitaminen und Mineralstoffen (Haenel, 1979; Möhr und Pankraths, 1987):

Vitamin A	0,004	Calcium	6
Vitamin B_1	0,41	Phosphor	140
Vitamin B_2	0,12	Eisen	1,4
Vitamin B_6	0,27	Natrium	68
Niacin	2,5	Kalium	260
Vitamin E	0,71	Iod	0,003

Trotz bekanntlich günstiger Produktionsvoraussetzungen in der Landwirtschaft kann aus ernährungsphysiologischer Sicht, wie schon eingangs betont, eine weitere Steigerung des Schweinefleischverzehrs nicht empfohlen werden. Gegenüber Rind-, Geflügel- oder Kaninchenfleisch sind Erzeugnisse vom Schwein meist deutlich fetthaltiger. Der Fettgehalt trägt aber zum Geschmack positiv bei. Im übrigen ist kein

Produkt, von einem gesunden und normalgewichtigen Menschen maßvoll genossen, von vornherein „gefährlich". So enthält Schweinefett beispielsweise einen erheblichen Anteil essentieller Fettsäuren, vor allem Arachidonsäure. Eine Reihe von B-Vitaminen nehmen wir nicht nur mit Vollkornprodukten, sondern auch mit Fleisch und Innereien (Leber) auf. Ernährungsphysiologisch bedeutsam ist weiterhin der Zink- und Eisengehalt des Schweinefleisches. Der Cholesterolgehalt des Schweinefleisches liegt sogar etwas unter den Werten für mageres Rindfleisch und Brathähnchen. Nach wie vor gilt der Satz des Paracelsus: „Dosis solum facit venenum", also die aufgenommene Menge macht das Gift.

Seitens der Erzeuger und der Schlacht- und Verarbeitungsbetriebe wird alles getan, um Fleisch- und Wurstwaren in hoher Qualität zu liefern. Es wird besonders darauf geachtet, daß diese frei von Krankheitserregern und gesundheitsschädlichen Rückständen sind. Die Schweinebestände in Deutschland sind frei von solchen früher so gefährlichen, auf Menschen übertragbaren Krankheiten wie Tuberkulose, Trichinellose und Bandwurmfinnenbefall. Die Schlachtschweine werden nach wie vor bei der Fleischuntersuchung in den Schlachtbetrieben („Fleischbeschau") einzeln diesbezüglich kontrolliert. In den Schweinebeständen überwachen die Tierärzte auch das Freisein von Salmonellose, Leptospirose, Brucellose und anderen Zoonosen, d. h. auf den Menschen übertragbaren Krankheiten. Die Anwendung von Hormonen bei Mastschweinen ist verboten. Nach tierärztlich angewiesener Anwendung von Antibiotika und chemischen Präparaten, z. B. zur Krankheitsbehandlung oder Schädlingsbekämpfung, müssen wissenschaftlich begründete Karenzfristen bis zum Schlachten eingehalten werden. Bei Not- und Krankschlachtungen und anderen Verdachtsmomenten werden bakteriologische Kontrollen, Prüfung des Freiseins von Hemmstoffen und andere Untersuchungen zusätzlich vorgenommen. Natürlich kann nicht bei jedem Einzeltier während

Abb. 100. Ladenausleger einer Fleischerei in Seiffen/Erzgebirge.

der zeitlich sehr begrenzten Fleischuntersuchung im Schlachtprozeß das Freisein von allen mikrobiellen Erregern nachgeprüft werden. Auch das sollte der Verbraucher wissen. So können schwangere Frauen durch Toxoplasmen gefährdet werden, wenn sie Schweinefleisch roh verzehren (Hackepeter o. a.). Wer ganz sicher sein will, sollte nur gut durcherhitzte Fleischerzeugnisse essen. Qualität und gesundheitliche Unbedenklichkeit hängen auch stark von den hygienischen Bedingungen im Handel und beim Verbraucher ab, insbesondere von einer nicht unterbrochenen Kühlkette und von größtmöglicher Sauberkeit, bis hin zur küchentechnischen Behandlung, um beispielsweise eine Keimanreicherung zu verhindern.

Merkmale für Fleischqualität sind unter anderem Zartheit, Saftigkeit (Wasserbindungsvermögen), Farbe und Aroma des Fleisches. Diese Qualität wird wesentlich von einer zwei- bis dreitägigen Reifung des auf etwa 8 °C nach dem Schlachten gekühlten Fleisches beeinflußt. Reifendes Fleisch nimmt mit abfallendem pH-Wert (Milchsäurebildung) dunklere Farbe und leicht säuerlichen Geschmack an. Zum Kochen genügt leicht gereiftes Fleisch, zum Schmoren bereits gereiftes Fleisch, zum Braten und Grillen sollte es gut durchgereift sein. Die Mannigfaltigkeit schmackhafter Wurstwaren wird durch eine Vielzahl erprobter, oft von Generation zu Generation weitergegebener Rezepturen gewährleistet. An sensorischen Merkmalen (äußeres Aussehen, Schnittbild, Geruch und Geschmack) sowie an der Einhaltung chemisch nachprüfbarer Werte (Fett-, Wasser- und Salzgehalt) wird die Qualität der Erzeugnisse gemessen. So sind alle Voraussetzungen erfüllt, damit der Käufer solchen freundlichen Einladungen wie in Abb. 100 unbedenklich Folge leisten kann.

✡

Nach all dem Gesagten: Laßt uns das Schwein nicht weiter schlechtmachen und nicht die Nase rümpfen, wenn von ihm die Rede ist, selbst wenn es sich, von uns begünstigt, manchmal nicht ganz sauber zeigt oder benimmt. Strapazieren wir unser Borstentier nicht mehr für Beschimpfungen, wir sollten uns viel lieber und häufiger „sauwohl" fühlen. Und wenn wir auch aus Eigennutz das Leben dieses Vierbeiners millionenfach erst befördern und dann gewaltsam beenden:

Es lebe das Schwein!

✡

Literaturhinweise

Abel, W.: Geschichte der deutschen Landwirtschaft. Verlag Eugen Ulmer, Stuttgart 1967.

Antonius, O.: Grundzüge einer Stammesgeschichte der Haustiere. Gustav Fischer Verlag, Jena 1922.

Bächtold-Stäubli, H.: Handwörterbuch des deutschen Aberglaubens. Walter de Gruyter, Berlin und Leipzig 1927–1931.

Bauer, H.: Tisch und Tafel in alten Zeiten. Koehler und Amelang, Leipzig 1967.

Bökönyi, S.: History of Domestic Mammals in Central and Eastern Europe. Akadémiai Kiadó, Budapest 1974.

Brentjes, B.: Das Schwein als Haustier, Ethnogr. Arch. Z. (1962), 125.

Brentjes, B.: Der Tierstil in Eurasien. VEB Seemann Verlag, Leipzig 1982.

Brentjes, B.: Die Erfindung des Haustieres. Urania-Verlag, Leipzig-Jena-Berlin 1986.

Brosch, A.: Die Literatur über das Schwein von 1538 bis zur Gegenwart. Verlag W. Portmetter, Berlin 1913.

Cate, C. L. ten: Wan god mast gift. Centre for agricultural publishing and documentation, Wageningen 1972.

Cheng, Pei-lieu: China pig breeds. World Animal Review 56 (1985), 33.

Columella, L. I.: Über Landwirtschaft. Akademie-Verlag, Berlin 1972.

Dettweiler, F., und Müller, K.: Lehrbuch der Schweinezucht. Verlag Paul Parey, Berlin 1924.

Epperlein, S.: Der Bauer im Bild des Mittelalters. Urania-Verlag, Leipzig-Jena-Berlin 1975.

Epstein, H., und Bichard, M.: In: Mason, J. L.: Evolution of Domestic Animals. Longman, London–New York 1984.

Froehner, R.: Kulturgeschichte der Tierheilkunde. Terra-Verlag, Konstanz 1952 und 1954.

Grimm, J., und Grimm, W.: Deutsches Wörterbuch. S. Hirzel Verlag, Leipzig 1893/1899.

Groskreutz, K. A.: Die Sau des Salomo. Fährten des weißzahnichten Schweines in der Weltliteratur. Rowohlt Verlag GmbH, Reinbek bei Hamburg 1989.

Hammond, J., Johansson, I., und Haring, F.: Handbuch der Tierzüchtung. Verlag Paul Parey, Berlin 1961.
Haxelton, N. S.: Die Küche in Deutschland. Time-Life International, Amsterdam 1970.
Herrmann, J.: Die Slawen in Deutschland. Akademie-Verlag, Berlin 1985.
Hoesch, F.: Die Schweinezucht. Verlag M. u. H. Schaper, Hannover 1911.
Jonsson, P.: in Majala, K.: Genetic Resources of Pig, Sheep and Goat. Civilization and Domestication, Kopenhagen 1986.
Junghanns und Schmid: Zucht, Haltung, Mästung und Pflege des Schweines. Verlag Eugen Ulmer, Stuttgart 1907.
Kolb, E.: Vom Leben und Verhalten unserer Haustiere. S. Hirzel Verlag, Leipzig 1986.
Kroll, W., und Witte, K.: Paulys Real-Enzyklopädie der Classischen Altertumswissenschaft, Stuttgart 1921.
Kronacher, C.: Allgemeine Tierzucht. Verlag Paul Parey, Berlin 1921.
Krüger, B.: Die Germanen. Akademie-Verlag, Berlin 1983.
Kuczynski, J.: Geschichte des Alltagslebens des deutschen Volkes. Akademie-Verlag, Berlin 1980–1982.
Magerstedt, A. F.: Bilder aus der römischen Landwirtschaft. Sondershausen 1860.
May, G.: Die Schweinezucht. Verlag Paul Parey, Berlin 1880–1889.
Meyer, H.: 10 000 Jahre „Schwein gehabt". Studium generale. Vorträge zum Thema Mensch und Tier, Band VII. Verlag U. & H. Schaper, Alfeld-Hannover 1990.
Meyer, R.: Vom Umgang mit Tieren. 2. Aufl. Gustav Fischer Verlag, Jena 1990.
Miramanow, W. B.: Kunst der Urgesellschaft. VEB Verlag der Kunst, Dresden 1973.
Mohr, Erna: Wilde Schweine. A. Ziemsen Verlag, Lutherstadt Wittenberg 1960.
Müller, H. H.: Die Haustiere der mitteldeutschen Bandkeramiker. Akademie-Verlag, Berlin 1964.
Neundorf, R., und Seidel, H.: Schweinekrankheiten. 3. Aufl. VEB Gustav Fischer Verlag, Jena 1987.
Pfeiffer, H.: Schweinezucht. VEB Deutscher Landwirtschaftsverlag, Berlin 1984.
Potthoff, O. D.: Illustrierte Geschichte des Deutschen Fleischer-Handwerks vom 12. Jahrhundert bis zur Gegenwart. Askanischer Verlag, Berlin 1927.
Reinhardt, L.: Kulturgeschichte der Haustiere. Verlag E. Reinhardt, München 1912.
Rosenfeld, H.: Das Schwein im Volksglauben und in der Spielkartenillustration. Börsenblatt für den deutschen Buchhandel, Frankfurt/M. 1962.

Schlette, F.: Germanen zwischen Thorsberg und Ravenna. Urania-Verlag, Leipzig-Jena-Berlin 1977.

Schlette, F.: Kelten zwischen Alesia und Pergamon. Urania-Verlag, Leipzig-Jena-Berlin 1984.

Schlieben, A.: Das Schwein in der Kulturgeschichte. Bechtold, Wiesbaden 1897.

Schönwink, W.: Der wilde Eber in Gottes Weinberg – Zur Darstellung des Schweines in Literatur und Kunst des Mittelalters. Jan Thorbecke Verlag, Sigmaringen 1985.

Sillar, F. C., und Meyler, R. M.: The Symbolic Pig. Oliver & Boyd, Edinburgh und London 1961.

Speiser, F.: Ethnographische Materialien aus den Neuen Hebriden und den Banks-Inseln. C. W. Kreidel, Berlin 1923.

Teichert, M.: Abstammung und Morphogenese vor- und frühgeschichtlicher Hausschweine. Arch. Tierzucht 13 (1970), 507.

Teichert, M., und Grünert, M.: In: Krüger, B.: Die Germanen. Akademie-Verlag, Berlin 1983.

Wander, K. F. W.: Deutsches Sprichwörter-Lexikon. Brockhaus-Verlag, Leipzig 1876.

Wiswe, H.: Kulturgeschichte der Kochkunst. Heinz Moos Verlag, München 1970.

Zedler, J. H.: Großes vollständiges Universal-Lexikon aller Wissenschaften und Künste. In 62 Bänden. Leipzig und Halle 1732 bis 1754.

Zeuner, F. E.: Geschichte der Haustiere. Bayerischer Landwirtschaftsverlag, München 1967.

Le porc domestique. Colloque d'ethnosciences 1976, Société d'ethnozootechnie, Paris.

Zeitschrift für Schweinezucht (ab Jahrgang 1930).

Personenregister

Sachregister